魯迅語錄

魯迅〔原典〕

丁原〔主編〕

前言

關於・魯迅

　　魯迅是20世紀的文化名人，他在小說、散文、雜文、木刻、現代詩、舊體詩、名著翻譯、古籍校勘和現代學術等多個領域都有相當的貢獻。作為中國現代文學的偉大奠基者，魯迅創作的為數不多的小說建立了中國小說的新形式；他所創作散文更是「顯示了文學革命的實績」；他的所開創的雜文文體富有現代性、自由性、批判性和戰鬥性，是後世家最常使用的「批判武器」，他所創作的雜文更是中國社會、政治、歷史、法律、宗教、道德、哲學、文學、藝術乃至文化心理、民性、民情、民俗……的百科全書。

　　幾乎所有的中國作家都在魯迅開創的基礎上，發展了不同的方面的文學風格體式。作為翻譯家他大量的翻譯了外國的文學作品、科學自然作品為開啟民智，引入先進的科學文化思想做出了巨大的貢獻。而作為美術愛好者魯迅大量引進了西方木刻、版畫作品，並在精神、理論和精神

等多方面支持青年人學習木刻、版畫藝術，極大的推進了現代木刻、版畫在現代中國的傳播與發展，為現代中國的美術事業做出卓越的貢獻。

作為一名學術研究者，一方面，魯迅運用西方的文學觀念研究中國古典小說撰寫了《中國小說史略》，其不僅結束了「中國之小說自來無史」的時代，也創造了文學史著作的典型範例，「為後學開示無數法門」，郭沫若將其與王國維的《宋元戲曲史》並稱為為中國近代學術史上的雙璧。另一方面他整理校對勘正了《古小說鉤沉》《嵇康集》《漢畫像集》《會稽郡故書雜集》等數十部古籍，為後世的古典文學研究留下了一筆巨大財富。同時，我國標點符號的統一和完善與魯迅先生的積極推動是分不開的。

魯迅一生追求民主，早在新文學運動伊始時期便向封建舊文化宣戰，不斷與壓迫民眾的舊思想舊文化鬥爭。「女師大學潮」發生後與迫害學生的軍閥進行論爭，魯迅不畏強暴執筆對戰，顯示出一個正直文人的氣概。爾後國民黨統治之下又大膽披露其黑暗統治。三十年代又與共產黨內左傾的錯誤文藝路線進行鬥爭，一生特立獨行，可謂「文人傲骨」鶴立雞群。

毛澤東曾說：「魯迅的骨頭是最硬的，他沒有絲毫的

奴顏和媚骨。這是殖民地半殖民地人民最寶貴的性格。魯迅是在文化戰線上的民族英雄。」「魯迅是中國文化革命的主將，他不但是偉大的文學家，而且是偉大的思想家和偉大的革命家。」

　　金良守（韓國文學評論家）：「二十世紀東亞文化地圖上占最大領土的作家。」

　　法捷耶夫（Alexander Alexandrovich Fadeyev，蘇聯作家）：「魯迅是真正的中國作家，正因為如此，他才給全世界文學貢獻了很多民族形式的，不可模仿的作品。他的語言是民間形式的。他的諷刺和幽默雖然具有人類共同的

・魯迅手跡

性格，但也帶有不可模仿的民族特點。」他又評價魯迅為
「中國的高爾基」。

　　郭沫若也說過：「魯迅是革命的思想家，是劃時代的
文藝作家，是實事求是的歷史學家，是以身作則的教育
家，是渴望人類解放的國際主義者。」

　　竹內好（Takeuchi Yoshimi，日本文學評論家）：「魯
迅是現代中國國民文化之母。

關於・語錄

　　在中國現代文學史上，魯迅這個名字一直閃爍著不可
磨滅的光輝。魯迅不僅是一個文學家，也是一個備受爭議
的思想家，這是由他幾十年來的言行文采所證明，而不是
任何人硬戴在他頭上的桂冠。本書是從《魯迅全集》中精
彩言論摘錄出來的，分類整理，編成一本語錄體的書籍，
為喜歡魯迅的人們提供了查閱的方便，應該說是一件愉快
的事！

　　我們今天生活的時代，與魯迅所處的時代相比，已經
有了相當的差距與變化。魯迅生活的時代，「萬家墨面沒
蒿萊，敢有歌吟動地哀」，苦難的中國大地內憂外患，在
這種黑暗的環境中，他仍能「橫站」，抵擋來自上下、左
右、裡外的攻奸和磨難，在三十年代的文壇中成為一代名
家，從他身上煥發出的堅定信念、清醒的頭腦，以及不甘

落伍、勇於革新的可貴品格，表現出了文人的格調。

　　本書輯錄的言論，雖不能表現魯迅博大思想的全部，但仍可看出核心部分，對於暫時沒有時間和精力閱讀魯迅全部作品的人來說，不失為一種簡明方便的通俗讀本。

　　正因為今天的時代與魯迅當年大不相同，我們今天來看魯迅精神，就不能簡單照搬他的某些字句和鬥爭方式。魯迅的這種寫作語言與方式，是當時特定環境中的產物。

關於‧詩集

　　本書後半部「詩集」曾經想題作《魯迅舊體詩集》，後來請葉聖陶題籤時，葉先生覆信說：

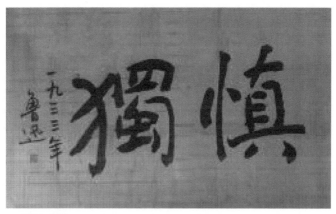

‧魯迅手跡

「囑書書名，我以為『舊體』二字似不必用。假如作新體詩者出詩集，殆亦不標明某某新體詩集。魯翁毋曾作新體，然新青年時期之後不復有所作，似不必特示區別。以故我僅書四字，宋書舊體二字，倘貴處必欲用『舊體』二字，自當重寫。」

書名曰詩集，但新詩還是沒有編入。因為我覺得那幾首新體詩在他全部作品中，以及在新詩發展史上，都不佔怎樣重要的地位。他自己就曾經謙遜地表示，這些只是「打打邊鼓，湊些熱鬧」之作，因此不予編入此集。

至於《集外集》所收各首詩題均係作者自定，而《集外集拾遺》係作者身後編定，詩題多為編者所擬，似不盡恰當。如「靈台無計」這一首咏懷詩，最初由許壽裳在《懷舊》一文中發表，文中有一句「在東京有一首自題小像贈我的」，有人遂以「自題小像」為詩題了，這就大可斟酌。例如魯迅曾將「運交華蓋」一詩寫一扇面贈杉本勇乘，如果他在文章中說魯迅「曾將一詩自題扇面贈我」，我看我們並不必將《自嘲》一詩題作「自題扇面」的。「曾驚秋肅」一詩也是最初由許壽裳在《懷舊》一文中發表的，許先生給題為《亥年殘秋偶作》，《集外集拾遺》沿用了這一標題，這是很恰當的，因為魯迅贈許先生的條幅題款中用了這幾個字，正好作詩題用。準此，凡現存手跡用有類似題款的，就都拿來當作題目，以取代原來擬定的「無題」之類了。

魯迅的詩不很用典。李商隱的清詞麗句是他所喜愛的，可是也不滿其用典太多。因此魯迅的詩似少費解之處，也就沒有作注，只作了少許校配，記下各本（各種手跡）的文字異同。周作人日記中記有當年唱和之作，也錄出供讀者參考。

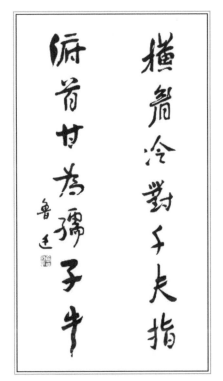

· 魯迅手跡

CONTENTS

前言／005

第一部　魯迅語錄

人生、理想／018

改革、創新／023

開拓、探索／036

進取、奮鬥／038

預見、希望／048

知人、鑒事／054

做人、處世／071

試弊、抗爭／082

學習、實踐／087

韌性、勇氣／089

批評、教育／093

批判、辯論／100

文學、創作／123

青年、其它／157

舊詩句釋／166

第二部　魯迅詩集

別諸弟三首／174

蓬蓬人／175

菩薩蠻／175

送戛劍生往白／176

惜花四律／176

別諸弟三首／178

哀范君三章／179

贈鄔其山／181

悼柔石／181

贈日本歌人／182

送OE君攜蘭歸國／182

無題／182

無題／183

CON**TENTS**

湘靈歌／*183*

無題／*184*

送增田涉君歸國／*184*

答客誚／*184*

無題／*185*

偶成／*185*

贈蓬子／*185*

一二八戰後作／*185*

自嘲／*186*

所聞／*186*

教授雜詠四首／*187*

無題／*187*

無題／*188*

無題／*188*

贈畫師／*189*

二十二年元旦／*189*

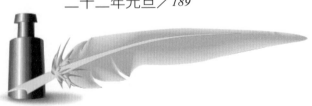

題《吶喊》／189

題《徬徨》／190

悼楊銓／190

悼丁君／190

題三義塔／191

贈人二首／191

無題／192

酉年秋偶成／192

阻郁達夫移家杭州／192

報載患腦炎戲作／193

戌年初夏偶作／193

秋夜有感／193

題《芥子園畫譜三集》贈許廣平／194

亥年殘秋偶作／194

魯迅的生平／195

PART 1

魯迅語錄

人生、理想

人多是「生命之川」中的一滴，
承著過去，向著未來，
倘不是真的特出到異乎尋常的，
便都不免並含著向前和反顧。
　　——《集外集拾遺·〈十二個〉後記》

走「人生」的長途，
最易遇到的有兩大難關。
其一是「歧路」，
倘是墨翟先生，相傳是慟哭而返的。
但我不哭也不返，先在歧路頭坐下些一會，
或者睡一覺，於是選一條似乎可走的路再走，
倘遇見老實人，也許奪他的食物來充饑，
但是不問路，因為我料定他並不知道的。
如果遇見老虎，我就爬上樹去，
等它餓得走去了再下來，
倘它竟不走，我就自己餓死在樹上，
而且先用帶子縛住，連死屍也絕不給他吃。
　　——《兩地書〈二〉》

倘若先前無可以師法的東西，
就只好自己來開創。
　──《集外集附錄・〈奔流〉編校後記〈十〉》

一條清溪，澄澈見底，
縱有多少沉渣和腐草，
也不掩其大體的清。
倘使裝的是爛泥，
一時就看不出它的深淺來了；
如果是爛泥的深淵呢，
那就更不如淺一點的好。
　──《憶劉半農君》

時間就是生命。
無端的空耗別人的時間，
其實無異於謀財害命的。
　──《門外文談》

倘使我還得偷生在不明不暗的這「虛妄」中，
我就還要尋求那逝去的悲涼漂渺的青春。
但不妨在我的身外，因為身外的青春倘一消滅，
我身中的遲暮也即凋零了。
…………
我只得由我來肉搏這空虛中的暗夜了，
縱使尋不到身外的青春，
也總得自己來一擲我身中的遲暮。
但暗夜又在那裡呢？
現在沒有星，沒有月光，
以至哭的渺茫和愛的翔舞；
青年們很平安，
而我的面前又竟至於沒有真的暗夜。
絕望之虛妄，正與希望相同！
——《野草·希望》

我們有錢的時候，
用幾個錢不算甚麼；
直到沒有錢，一個錢都有它的意味。
——《集外集·文藝與政治的歧途》

凡是人的靈魂的偉大審問者，
同時也一定是偉大的犯人。
審問者在堂上舉動著他的惡，
犯人在階下陳述他自己的善；
審問者在靈魂中揭發汙穢，
犯人在所揭發的汙穢中闡明那埋藏的光耀。
這樣，就顯示出靈魂的深……
——《集外集·〈窮人〉小引》

從生活窘迫過來的人，
一到了有錢，容易變成兩種情形：
一種是理想世界，
替處同一境遇的人著想，
便成為人道主義；
一種是什麼都是自己掙起來，
以前的遭遇，使他覺得甚麼都是冷酷，
便流為個人主義。
——《集外集·文藝與政治的歧途》

死者倘不埋在活人的心中，
那就真真死掉了。
——《華蓋集續編·空談》

有人說：有些勝利者願意敵手如虎、如鷹，
他才感到勝利的歡喜；
假使如羊、如小雞，
他便反覺得勝利的無聊。
又有些勝利者，當克服一切之後，
看見死的死了，降的降了，
「臣誠惶誠恐死罪死罪」，
他於是沒有了敵人，沒有了對手，
沒有了朋友，只有自己在上，
一個孤零零，淒涼，寂寞，
便反而感到了勝利的悲哀。
——《吶喊·阿Q正傳》

改革、創新

倘不深入民眾的大層中，

於他們的風俗習慣，加以研究、解剖，

分別好壞，立存廢的標準，而於存於廢，

都慎選施行的方法，

則無論怎樣的改革，

都將為習慣的岩石所壓碎，

或者只在表面上浮游一些時日。

　　──《習慣與改革》

現在已不是在書齋中，

捧書本高談宗教、法律、文藝、美術⋯⋯等等的時候了，

即使要談論這些，

也必須先知道習慣和風俗，

而且有正視這些的黑暗面的勇猛和毅力。

因為倘不看清，就無從改革。

僅大叫未來的光明，

其實是欺騙怠慢的自己和怠慢的聽眾的。

　　──《習慣與改革》

反改革者對改革者的毒害，
向來就並未放鬆過，
手段的厲害也已無以復加了。
——《論「費厄潑賴」應該緩行》

瓦礫場上還不足悲，
在瓦礫場上修補老例是可悲的。
我要革新的破壞者，
因為他內心有理想的光。
——《再論雷峰塔的倒掉》

一面有殘毀者，一面也有保全、補救、推進者，
世界這才不至於荒廢。
我是願意屬於後一類，
也分明屬於後一類的。
——《壞孩子和別的奇聞·讀者後記》

舊象愈摧破，

人類便愈進步……

——《熱風‧隨感錄〈四十六〉》

古人所創的事業中，

即含有後來的新興階級皆可以擇取的遺產……

但自然也有破壞，

這是為了未來的建設。

新的建設的理想，

是一切言動的南針，

倘沒有這而言破壞，

便如未來派，不過是破壞的同路人，

而言保存，則全然是舊社會的維持者。

——《浮士德與城‧後記》

無論如何，不革新，是生存也為難的，

而況保古……苟有阻礙這前途者，

無論是古是今，是人是鬼，

是《三墳》、《五典》、百宋千元、天球河圖、

金人玉佛、祖傳丸散、秘製高丹，全都踏倒它。

——《忽然想到〈五～六〉》

多數的力量是偉大、要緊的，
有志於改革者倘不深知民眾的心，
設法利導、改進，
則無論怎樣的高文宏議、浪漫古典，都和他們無干，
僅止於幾個人在書房中互相嘆賞，得些自己滿足。
——《習慣與改革》

體質和精神都已硬化了的人民，
對於極小的一點改革，也無不加以阻撓，
表面上好像恐怕於自己不便，
其實是恐怕於自己不利，
但所設的口實，卻往往見得極其公正而且堂皇。
——《習慣與改革》

我獨不解中國人何以於舊狀況那麼心平氣和，
於較新的機運就這麼疾首蹙額；
於已成之局那麼委曲求全，
於初興之事就這麼求全責備？
——《這個與那個》

易舉和難行是改革者的兩大派。

同是不滿於現狀，但打破現狀的手段卻大不同：

一是革新，一是復古。

同是革新，那手段也大不同：

一是難行，一是易舉。

這兩者有鬥爭。

難行者的好幌子，一定是完全和精密，

借此來阻礙易舉者的進行，

然而它本身，卻因為是虛懸的計畫，

結果總並無成就，就是不行。

這不行，可又正是難行的改革者的慰藉，

因為它雖無改革之實卻有改革者之名。

有些改革者是極愛談改革的，

但真的改革到了身邊，卻使他恐懼。

惟有大談難行的改革，

這才可以阻止易舉的改革的到來。

就是竭力維持著現狀，一面大談其改革，

算是在做他那完全的改革事業，

這和主張在床上學會浮水，

然後再去游泳的方法，其實是一樣的。

——《論新文學》

說一句話，做一件事，
倘與傳來的積習有若干抵觸，
須一個觔斗便告成功，
才有立足的處所，
而且被恭維得烙鐵一般熱。
否則免不了大逆不道，
為天地所不容。
——《熱風‧隨感錄〈四十一〉》

從古迄今，什麼都在改變，
但必須在不聲不響中，
倘一道破，就一定有窒礙，
維持現狀說來了，復古說也來了。
這些說頭自然也無效，
但一時不失為一種窒礙卻也是真的，
它能夠使一部分的有志於改革者遲疑一下子，
從招潮者變為乘潮者。
——《從「別字」說開去》

智識高超而眼光遠大的先生們開導我們：
生下來的倘不是聖賢、豪傑、天才，就不要生；
寫出來的倘不是不朽之作，就不要寫；
改革的事倘不是一下子就變成極樂世界，
或者至少能給我（！）有更多的好處，
就萬萬不要動！
——《這個與那個》

即使艱難，也還要做；
愈艱難，就愈要做。
改革，是向來沒有一帆風順的，
冷笑家的贊成，是在見了成效之後……
——《中國語文的新生》

舊形式的採取，必有所刪除，
既有刪除，必有所增益，
這結果是新形式的出現，也就是變革。
——《論舊形式的採用》

可惜中國太難改變了，

即使搬動一張桌子，

改裝一個火爐，幾乎也要血；

而且即使有了血，

也未必一定能搬動，能改裝。

不是很大的鞭子打在背上，

中國自己是不肯動彈的。

──《墳‧娜拉走後怎樣》

人固然應該生存，但為的是進化；

也不妨受苦，但為的是解除將來的一切苦；

更應該戰鬥，但為的是改革。

──《花邊文學‧論秦理齋夫人事》

無論什麼黑暗來防範思潮，

什麼悲慘來襲擊社會，

什麼罪惡來褻瀆人道，

人類的渴仰完全的潛力，

總是踏了這些鐵蒺藜向前進。

──《熱風‧隨感錄〈六十六〉生命的路》

生物學家告訴我們：

「人類和猴子是沒有大兩樣的，人類和猴子是表兄弟。」

但為什麼人類成了人，猴子終是猴子呢？

這就因為猴子不肯變化——牠愛用四隻腳走路。

也許曾有一隻猴子站起來，試用兩腳走路的罷，

但許多猴子就說：

「我們底祖先一向是爬的，不許你站！」咬死了。

牠們不但不肯站起來，並且不肯講話，因為牠們守舊。

人類就不然，他終於站起來、講話，

結果是他勝利了，現在也還沒有完。

所以革命是並不稀奇的，

凡是至今還未滅亡的民族，

還都天天在努力革命⋯⋯

——《而已集・革命時代的文學》

什麼是路？

就是從沒路的地方踐踏出來的，

從只有荊棘的地方開闢出來的。

——《熱風・隨感錄〈六十六〉生命的路》

無論如何，不革新，
是生存也為難的，而況保古。
現狀就是鐵證，
比保古家的萬言書有力得多。
——《華蓋集‧忽然想到〈六〉》

現在不過草創時代，
正如未有汽船，便只好先坐獨木小舟；
倘使因為預料將來當有汽船，
便不造獨木小舟，
或不坐獨木小舟，
那便連汽船也不會發明，
人類也不能渡水了。
——《集外集‧渡河與引路》

總之：讀史，就愈可以覺悟中國改革之不可緩了。

雖是國民性，要改革也得改革，

否則，雜史雜說上所寫的就是前車。

一改革，就無須怕孫女兒總要像點祖母那些事，

譬如，祖母的腳是三角形，步履維艱的，

小姑娘的都是天足，能飛跑；

丈母老太太出過天花，臉上有些缺點的，

令夫人卻種的是牛痘，所以細皮白肉，

這也就大差其遠了。

——《華蓋集·這個與那個〈一〉》

希望是本無所謂有，無所謂無的，

這正如地上的路。

其實，地上本沒有路，

走的人多了，也便成了路。

——《吶喊·故鄉》

那些維持現狀的先生們，

貌似和平，實乃進步的大害。

最可笑的是他們對於已經錯定的，

無可如何，毫無改革之意，只在防患未然，

不許「新錯」，而又保護「舊錯」，這豈不可笑。

老先生們保存現狀，

連在黑屋子裡開一個窗也不肯，

還有種種不可開的理由，

但倘有人要來連屋頂也掀掉它，

他這才魂飛魄散，設法調解，

折中之後，許開一個窗，

但總在伺機想把它塞起來。

——《致曹聚仁》

世界的進步，

當然大抵是從流血得來。

但這和血的數量是沒有關係的，

因為世上也盡有流血很多，

而民族反而漸就滅亡的先例。

——《華蓋集續編·死地》

自從新思潮來到中國以後，

其實何嘗有力，

而且一群老頭子，還是少年，

卻已喪魂失魄的來講國故了。

他們說：「中國自有許多好東西，都不整理保存，

倒去求新，正如放棄祖宗遺產一樣不肖。」

抬出祖宗來說法，那自然是極威嚴的，

然而，我總不信在舊馬褲未曾洗淨疊好之前，

便不能做一件馬褂。

　　──《墳・為有天才之前》

大概，人必須從此有記性，

觀四面而聽八方，

將先前一切自欺欺人的希望之談全都掃除，

將無論是誰的自欺欺人假面全部撕掉，

將無論是誰的自欺欺人的手段全部排斥……

　　──《華蓋集・忽然想到〈十一〉》

開拓、探索

我已經確切的相信，將來的光明，
必將證明我們不但是文藝上的遺產的保存者，
而且也是開拓者和建設者。
——《引玉集·後記》

因為新的階級及其文化，
並非突然從天而降，
大抵是發達於對於舊支配者及其文化的反抗中，
亦即發達於和舊者的對立中。
所以新文化仍然有所承傳，
於舊文化也自然有所擇取。
——《浮士德與城·後記》

採用外國的良規，加以發揮，
使我們的作品更加豐滿是一條路；
擇取中國的遺產，融合新機，
使將來的作品別開生面也是一條路。
——《本刻紀程·小引》

……得到這樣一個結論的時候，
先前一定經過許多苦楚的經驗，
見過許多可憐的犧牲。
本草家提起筆來，
寫道：砒霜，大毒。
字不過四個，
但他確切知道了這東西曾經毒死過若干性命的了。
　　——《偽自由書・推背圖》

大約古人一有病，
最初只好這樣嘗一點，那樣嘗一點，
吃了毒的就死，
吃了不相干的就無效，
有的竟吃到了對症的就好起來，
於是知道這是對於某一種病痛的藥。
這樣地積累下去乃有草創的紀錄，
後來漸成為龐大的書，如《本草綱目》就是。
　　——《南腔北調集・經驗》

倘非身臨其境，
實在有些說不清。
譬如，一碗酸辣湯，耳聞口講，
總不如親自呷一口的明白。
——《華蓋集續編·記「發薪」》

事實是毫無情面的東西，
它能將空言打得粉碎。
——《花邊文學·安貧樂道法》

進取、奮鬥

維持現狀說是任何時候都有的，
贊成者也不會少，
然而在任何時候都沒有效，
因為在實際上決定做不到。
假使古時候用此法，就沒有今之現狀，
今用此法，也就沒有將來的現狀。
直到遼遠的將來，一切都和太古無異。
——《從「別字」說開去》

伶俐人實在伶俐，所以絕不攻難古人，搖動古例的。

古人做過的事，無論什麼，今人也都會做出來。

而辯護古人，也就是辯護自己。

——《忽然想到〈一～四〉》

只要從來如此，便是寶貝。

即使無名腫毒，倘若生在中國人身上，

也便「紅腫之處，艷若桃花；潰爛之時，美如乳酪。」

——《熱風・隨感錄〈三十九〉》

較好的思索者，

因為能用自己的生活力了，

但還不免是空想，

所以更好的是觀察者，

他用自己的眼睛去讀世間這一部活書。

——《讀書雜談》

坐著而等待平安，等待前進，

倘能，那自然是很好的，

但可慮的是，老死而所等待的卻終於不至；

不生育，不流產而等待一個英偉的寧馨兒，

那自然也很可喜的，但可慮的是終於什麼也沒有。

　　——《這個與那個》

魔鬼手上，

終有漏光的處所，

掩不住光明⋯⋯

　　——《熱風‧隨感錄〈四十〉》

凡有一人的主張，

得了贊和，是促其前進的，

得了反對，是促其奮鬥的。

獨有叫喊於生人中，而生人並無反應，

既非贊同，也無反對，如置身毫無邊際的荒原，

無可錯手的了⋯⋯這是怎樣的悲哀呵！

　　——《吶喊‧自序》

勇者憤怒，抽刃向更強者；
怯者憤怒，卻抽刃向更弱者。
——《雜感》

說話說到有人厭惡，
比起毫無動靜來，
還是一種幸福。
——《墳‧題記》

古人所傳授下來的經驗，
有些實在是極可寶貴的，
因為它曾經費去許多犧牲，
而留給後人很大的益處。
………………
總之，經驗所得的結果無論好壞，
都要很大的犧牲，雖是小事情，
也免不掉要付驚人的代價。
——《南腔北調集‧經驗》

我們要運用腦髓，放出眼光，自己來拿！

譬如罷！我們之中的一個窮青年，

因為祖上的陰功，（姑且讓我這麼說說罷），

得了一所宅子，

且不問他是騙來的，搶來的，

或是合法繼承的，或是做了女婿換來的，

那麼怎麼辦呢？

我想，首先是不管三七二十一，「拿來」！

但是如果反對這宅子的舊主人，

怕給他的東西染汙了，

徘徊不敢走進門，是孱頭；

勃然大怒，放一把火燒光，

算是保存自己的清白，則是渾蛋。

不過因為原是羨慕這宅子的舊主人的，

而這回接受一切，欣欣然的蹩進臥室，

大吸剩下的鴉片，那當然更是廢物。

「拿來主義」者是全部這樣的，他佔有、挑選。

看見魚翅，並不就拋在路上以顯其「平民化」，

只要有養料，也和朋友們向蘿蔔白菜一樣的吃掉，

只不用它來宴大賓；

看見鴉片，也不當眾摔在毛廁裡，

以見其徹底革命，只送到藥房裡去，以供治病之用，

卻不弄「出售存膏，售完即止」的玄虛。

只有煙槍和煙燈，

雖然形式和印度、波斯、阿拉伯的煙具都不同，

卻可以算是一種國粹，

倘使背著周遊世界，一定會有人看，

但我想，除了送一點進博物館之外，

其餘的是大可以毀掉的了。

還有一群姨太太，也大以請她們各自走散為是，

要不然，「拿來主義」怕未免有些危機。

　　──《拿來主義》

一個作者，

「自卑」固然不好，「自負」也不好，容易停滯。

我想，頂好是不要自餒，

總是幹，但也不自滿，仍舊總是用功，

要不然，輸出多而輸入少，後來要空虛的。

　　──《魯迅書簡》

我們一向喜歡恭維古聖人，

以為藥物是由一個神農皇帝獨自嚐出來的，

他曾經一天遇到過七十二種毒，

但都有解法，沒有毒死。

這種傳說，現在不能主宰人心了。

人們大抵已經知道，

一切文物都是歷來的無名氏所逐漸造成的。

建築、烹飪、漁獵、耕種，

無不如此，醫藥也如此。

　　——《南腔北調集·經驗》

即使目下還有點逆水行舟，也只好拉縴；

順水固然好得很，然而還是少不得把舵的。

這拉縴或把舵的好方法，

雖然也可以口談，但大抵得益於實驗，

無論怎樣看風看水，目的只是一個——向前。

　　——《且介亭雜文，們外文談》

古訓所教的就是這樣的生活法──教人不要動。

不動，失錯當然就較少了，

但不活的岩石泥沙，失錯不是更少嗎？

我以為人類為了向上，即發展起見，

應該活動，活動而有若干失錯，也不要緊。

惟獨半死半生的苟活，是全盤失措的，

因為他掛了生活的招牌，其實卻引人到死路上去！

　　──《華蓋集・北京通信》

記得韓非子曾經教人以競馬的要妙，

其一是「不恥最後」。

即便慢，馳而不息，縱令落後，縱令失敗，

但一定可以達到他向的目標。

　　──《華蓋集・補白》

還有一點是──

不要只用力於抹殺別人，使他和自己一樣的空無，

而必須跨過那站著的前人，比前人更加高大。

初次出陣的時候，幼稚和淺薄都不要緊，

然而也須不斷的生長起來才好。

　　──《三閒集・魯迅譯著書目》

許多歷史的教訓，

都是用極大的犧牲換來的。

譬如，吃東西罷，某種是毒物不能吃，

我們好像全慣了，很平常了。

不過，這一定是以前有多少人吃死了，才知道的。

所以我想，第一次吃螃蟹的人是很可佩服的，

不是勇士誰敢去吃它呢？

螃蟹有人吃，蜘蛛一定也有人吃過，

不過不好吃，所以後人不吃了。

像這種人我們當極端感謝的。

　　──《集外集拾遺‧今春的兩種感想》

從前孔子周遊列國的時代，所坐的是牛車。

現在我們還坐牛車嗎？

從前堯舜的時候，吃東西用泥碗，

現在我們所用的是甚麼？

所以，生在現今的時代，

捧著古書是完全沒有用處的了。

　　──《集外集拾遺‧老調子已經唱完》

不滿是向上的車輪，

能夠載著不自滿的人類，向人道前進。

多有不自滿的人的種族，

永遠前進，永遠有希望；

多有只知責人不知反省的人的種族，禍哉禍哉！

──《熱風‧隨感錄〈六十一〉》

倘是蠍子，要它不撩尾，

「希望」是不行的，

正如希望我之到所謂「我們的新時代」去一樣，

惟一的戰略是打殺。

──《集外集拾遺‧新的世故》

貪安穩就沒有自由，

要自由就總要歷些危險，

只有這兩條路。

──《集外集拾遺‧老調子已經唱完》

預見、希望

然而翻翻過去的血的流水帳簿，
原也未始不能夠推見將來……
　　——《爭自由的波浪‧小引》

以過去和現在的鐵鑄一般的事實來測將來，洞若觀火！
　　——《守常全集‧題記》

希望是附著於存在的，
有存在便有希望，有希望便是光明。
如果歷史家的話不是誑話，
則世界上的事物可還沒有因為黑暗而常存的先例。
黑暗只能附著於漸就滅亡的事物，
一滅亡，黑暗也就一同滅亡了；
它不永久，然而將來是永遠要有的，並且總要光明起來。
只要不做黑暗的附著物，為光明而滅亡，
則我們一定有悠久的將來，而且一定是光明的將來。
　　——《華蓋集續編‧記談話》

新的應該歡天喜地的向前走去，這便是壯，
舊的也應該歡天喜地的向前走去，這便是死；
個個如此走去，便是進化的路。
老的讓開道，催促著，獎勵著，讓他們走去。
路上有深淵，便用那個死填平了，讓他們走去。
——《熱風‧隨感錄〈四十九〉》

現在我們再看歷史，
在歷史上的記載和論斷有時也是極靠不住的，
不能相信的地方很多，因為通常我們曉得，
某朝的年代長一點，其中必定好人多；
某朝的年代短一點，其中差不多沒有好人。
為什麼呢？
因為年代長了，做史的人是本朝人，
當然恭維本朝的人物，
年代短了，做史的是別朝人，
便很自由地貶斥異朝的人物……
——《魏晉風度及文章與藥及酒之關係》

石在，火種是不會絕的。

——《且介亭雜文二集·〈題未定〉草〈六一九〉》

人生有限，而藝術卻較為永久吧！

——《且介亭雜文末編·〈出關〉的「關」》

時代是在不息地進行，

現在新的、年青的、沒有名的作家的作品站在這裡了，

以清醒的意識和堅強的努力在榛莽（雜亂叢生的草木）中

露出了日見生長的健壯的新芽。

自然，這是很幼小的。

但是惟其幼小，所以希望就正在這一面。

——《二心集·一八藝社習作展覽會小引》

後起的生命，總比以前的更有意義，

更近完全，固然也更有價值，更可寶貴；

前者的生命，應該犧牲於他。

——《墳·我們現在應該怎樣做父親》

我也並沒有要將小說抬進「文苑」的意思，
不過想利用它的力量來改良社會。
——《南腔北調集・我怎麼作起小說來》

愛情必須時時更新、生長、創造……
——《徬徨》

應該多有為大眾設想的作家，
竭力來作淺顯易解的作品，使大家能懂，愛看，
以擠掉一些陳腐的勞什子。
——《集外集拾遺・文藝的大眾化》

世界日日改變，
我們的作家取下假面，
真誠地、深入地、大膽地看取人生，
並且寫出他的血和肉來的時候早到了；
早就應該有一片嶄新的文場，
早就應該有幾個兇猛的闖將！
——《墳・論睜了眼看》

生命雖然繼續了，卻是停頓不得，
所以還須教這新生命去發展……只要思想未遭禁錮的人，
誰也喜歡子女比自己更強，
更健康，更聰明高尚，更幸福……
就是超越了自己，超越了過去。
——《墳·我們現在應該怎樣做父親》

要有茂林嘉卉，
卻非先有這萌芽不可。
——《無名木刻集·序》

他們因為所信的主義，犧牲了別的一切，
用骨肉碰鈍了鋒刃，血液澆滅了煙焰，
在刀光火色衰微中，看出一種薄明的天色，
便是新世紀的曙光。
曙光在頭上，不抬起頭，
便永遠只能看見物質的閃光。
——《熱風·隨感錄〈五十九〉「聖武」》

一般的幻滅的悲哀，
我以為不在假，而在以假為真。
——《三閒集・怎麼寫》

我總還想對於根深蒂固的所謂舊文明，
施行襲擊，令其動搖，冀於將來有萬一之希望……
——《兩地書〈八〉》

我們的許多壽命白費了。
我們所可以自慰的，想來想去，
也還是所謂對於將來的希望。
——《華蓋集續編・記談話》

知人、鑒事

敵人是不足懼的，
最可怕的是自己營壘裡的蛀蟲，
許多事都敗在他們手裡。
——《魯迅書簡・下卷》

自稱盜賊的無須防，得其反倒是好人；
自稱正人君子的必須防，得其反是盜賊。
——《而已集・小雜感》

火能燒死人，水也能淹死人，
但水的模樣柔和，好像容易親近，
因而也容易上當……
——《花邊文學・水性》

有缺點的戰士終竟是戰士，
完美的蒼蠅也終竟不過是蒼蠅。
　　——《華蓋集・戰士和蒼蠅》

一道濁流，
固然不如一杯清水的乾淨而澄明，
但蒸餾了濁流的一部分，
卻有許多杯淨水在。
　　——《准風月談・由聾而啞》

你們所多的是生力。
遇見深林，可以闢成平地的；
遇見曠野，可以栽種樹木的；
遇見沙漠，可以開掘井泉的。
　　——《華蓋集・導師》

「從來如此，便對嗎？」
　　——《吶喊・狂人日記》

要進步或不退步，總須時時自出新裁，
至少也必取材異域。
倘若各種顧忌，各種小心，各種嘮叨，
這麼做即違了祖宗，那麼做又像了夷狄，
終生喘喘如在薄冰上，發抖尚且來不及，
怎麼會做出好東西來。
所以事實上「今不如古」者，
正因為有許多嘮叨著「今不如古」的諸位先生們之故。
——《墳‧看鏡有感》

總而言之，從三皇五帝時代的眼光看來，
講科學和發議論都是蛇，
無非前者是青梢蛇，後者是蝮蛇罷了；
一朝有了棍子，都要打死的。
——《魯迅書信集‧傅斯年》

以為倘要完全的書，天下可讀的書怕要絕無，
倘要完全的人，天下配活的人也就有限。
每一本書從每個人看來，有是處也有錯處，
在現今的時候是一定難免的。
——《〈相思、山水、人物〉題記》

這《孩兒塔》（註一）的出世，
並非要和現在一般的詩人睜一日之長，
是別有一種意義在。
這是東方的微光，是林中的響箭，
是冬末的萌芽，是進軍的第一步，
是對於前驅者的愛的大纛（註二），
也是對於摧殘者的憎的豐碑。
一切所謂圓熟簡練、靜穆幽遠之作，
都無須來作比方，因為這詩屬於別一世界。

　　● 註一：指左翼作家白莽的詩集。
　　● 註二：指古代軍中的大旗。
　　——《且介亭雜文末編・白莽作《孩兒塔》序》

「物質文明」也至少有兩種：
一種是吃肥甘，穿輕暖，住洋房的；
一種卻是吃樹皮，穿破布，住草棚——
吃其所不當吃，穿其所不當穿，而且住其所不當住。

　　——《集外集拾遺・兩種「黃帝子孫」》

世界上有兩種人：壓迫者和被壓迫壓迫者！
　　——《南腔北調集・祝中俄文學之交》

地球上不只一個世界，實際上的不同，
比人們空想中的陰陽兩界還利害。
這一世界中人，會輕蔑、憎惡、壓迫、恐懼、
殺戮別一世界中人，
然而他不知道，因此他也寫不出，
於是他自稱「第三種人」，
他「為藝術而藝術」……不要騙人罷！
你們的眼睛在那裡呢？
——《且介亭雜文二集·葉紫作〈豐收〉序》

被壓迫者對於壓迫者，
不是奴隸，就是敵人，絕不能成為朋友，
所以彼此的道德並不相同。
——《且介亭雜文二集·後記》

墨寫的謊話，
絕掩不住血寫的事實。
血債必須用同物償還，
拖欠得愈久，就要付更大的利息！
——《華蓋集續編·無花的薔薇之二》

苟活者在淡紅的血色中，
會依稀看見微茫的希望；
真的猛士，將更奮然而前行。
——《華蓋集續編・紀念劉和珍君》

和朋友談心，不必留心，
但和敵人對面，卻必須刻刻防備。
我們和朋友在一起，可以脫掉衣服，但上陣要穿甲。
——《魯迅書簡・下卷・致蕭軍、蕭紅》

蒙蔽是不能長久的，
接著起來的又將是一場血腥的戰鬥。
——《且介亭雜文・中國文壇上的鬼魅》

文學有階級性，在階級社會中，
文學家雖以為「自由」，自以為超越了階級，
而無意識地，也終受本階級的階級意識所支配，
那些創作，並非別階級的文化……
——《二心集・「硬譯」與「文學的階級性」》

不問那一階級的作家，都有一個「自己」，

這「自己」就都是他本階級的一分子。

忠實於他自己的藝術的人，

也就是忠實於他本階級的作者，

在資產階級如此，在無產階級也如此。

　　——《南腔北調集·又論「第三種人」》

我們的勞苦大眾歷來只被最劇烈的壓迫和搾取，

連識字教育的佈施也得不到，

惟有默默地深受著宰割和滅亡。

繁難的象形字，又使他們不能有自修的機會。

智識的青年們意識到自己前驅的使命，便首先發出戰叫。

這戰叫和勞苦大眾的反叛的叫聲一樣地使統治者恐懼，

走狗的文人即群起進攻，

或者製造謠言，或者親作偵探，

然而都是暗做，都是匿名，

不過證明了他們自己是黑暗的動物。

　　——《二心集·中國無產階級革命文學和前驅的血》

革命文學家，
至少是必須和革命共同著生命，
或深切地感受著革命的脈搏的。
——《二心集‧上海文藝之一》

文人還是人，既然還是人，
他心裡就仍然有是非，有愛憎；
但又因為是文人，
他的是非就愈分明，愛憎也愈熱烈。
——《且介亭雜文二集‧再論「文人相輕」》

因為這乃是荒野中的萌芽，
除此以外，中國已經毫無其他文藝。
屬於統治階級的所謂「文藝家」，
早已腐爛到所謂「為藝術的藝術」
以至「頹廢」的作品也不能產生。
現在來抵制左翼文藝的，
只有誣蔑、壓迫、囚禁和殺戮；
來和左翼作家對立的，
也只有流氓、偵探、走狗、劊子手了。
——《二心集‧黑暗中國的文藝界的現狀》

想從一個題目限制作家，其實是不能夠的。
假如出一個「學而時習之」的試題，
叫遺少（註一）和車夫來作八股，
那作法就決定不一樣。
自然，車夫作的文章可以說是不通，
是胡說，但這不通或胡說，
就打破了遺少們的一統天下。
　　● 註一：留戀舊時的青年。
──《准風月談‧前記》

濁浪在拍岸，
站在山崗上者和飛沫不相干，
弄潮兒則於濤頭且不在意，
惟有衣履尚整，
徘徊海濱的人，
一濺水花，
便覺得有所沾濕，
狼狽起來……
──《三閒集‧柔石作〈二月〉小引》

文學是戰鬥！
——《且介亭雜文二集・葉紫作〈豐收〉序》

我以為根本問題是在作者可是一個「革命人」，
倘是的，則無論寫的是什麼事件，
用的是什麼材料，
即都是「革命文學」。
從噴泉裏出來的都是水，
從血管裏出來的都是血。
——《而已集・革命文學》

我所遵奉的，
是那時革命的前驅者的命令，
也是我自己所願意遵奉的命令，
絕不是皇上的聖旨，
也不是金元和真的指揮刀。
——《南腔北調集・〈自選集〉自序》

生在有階級的社會裡而要做超階級的作家，
生在戰鬥的時代而要離開戰鬥而獨立，
生在現在而要做給與將來的作品，
這樣的人，實在也是一個心造的幻影，
在現實世界上是沒有的。
要做這樣的人，
恰如用自己的手撥著頭髮要離開地球一樣，
他離不開，焦躁著，
然而並非因為有人搖了搖頭，
使他不敢撥了的緣故。
——《南腔北調集‧論「第三種人」》

我想，普遍、永久、完全，這三件寶貝，
自然是了不得的，
不過也是作家的棺材釘，會將他釘死。
——《且介亭雜文‧答〈戲〉週刊編者信》

有一流人之所謂偉大與渺小，
是指他可給自己利用的效果的大小而言。
——《無花的薔薇》

「不可與言而與之言」即是「知其不可為而為之」，
一定要有這種人，世界才不寂寞。
　　──《反「漫談」》

蜜蜂的刺，一用即喪失了它自己的生命；
犬儒的刺，一用則苟延了他自己的生命。
　　──《小雜感》

貪安穩就沒有自由，
要自由就總要歷些危險。
　　──《老調子已經唱完》

忽講買賣，忽講友情，
只要有利於己的，什麼方法都肯用，
這正是流氓的行為的模範標本。
　　──《魯迅書信集》

假使做事要面面顧到，
就什麼事都不能做了。
——《關於知識階級》

名人的話，並不都是名言；
許多名言，倒是出自田夫野老之口。
——《名人和名言》

朋友乃五常之一名，
交道是人間的美德，當然也好得很。
不過騙子有屏風，屠夫有幫手，
在他們自己之間，卻也叫作「朋友」的。
——《四論「文人相輕」》

我們看歷史，能夠據過去以推知未來，
看一個人已往的經歷，
也有一樣的效用。
——《答KS君》

倘是獅子，自誇怎樣肥大是不妨事的，
但如果是一口豬或一匹羊，肥大倒不是好兆頭。
——《黃禍》

將屠戶的凶殘，使大家化為一笑，
收場大吉……這和「幽默」並無什麼瓜葛。
——《「論語一年」》

損著別人的牙眼，卻反對報復，
主張寬容的人，萬勿和他接近。
——《且介亭雜文末編・死》

誰知道人世上並沒有這樣一道矮牆，
騎著而又兩腳踏地，左右穩妥，
所以即便吞吞吐吐，
也還是將自己的魂靈梟首通衢，
掛出了原想竭力隱瞞的醜態。
醜態，我說，倒還沒有什麼丟人，
醜態而蒙著公正的皮，這才催人嘔吐。
——《華蓋集・答KS君》

然而愚民究竟也有聰明的，
早已看穿了這鬼把戲，所以又有俗諺說：
「口上仁義禮智，心裡男盜女娼！」
他們是很明白的。
——《墳·論「他媽的！」》

但是贊頌中國固有文明的人們多起來了，
加之以外國人。
我常常想，凡有來到中國的，
倘能疾首蹙額而憎惡中國，
我敢誠意地奉獻我的感謝，
因為他一定是不願意吃中國人的肉的！
——《墳·燈下漫筆》

伶俐人嘆「人心不古」時，
大抵是他的巧計失敗了；
但老太爺嘆「人心不古」時，
則無非因為受了兒子或姨太太的氣。
——《集外集·烽話五則》

凡有狐狸，尾巴終必露出⋯⋯
　——《魯迅書信集》

經歷一多，
便能從前因而知後果，
我的預測時時有驗，
只不過由此一端⋯⋯
　——《致夏傳經》

人身的血液一壞，
體中的一部分絕不能獨保健康⋯⋯
　——《兩地書》

誰說中國人不善於改變？
每一新的事物進來，起初雖然排斥，
但看到有些可靠，就自然會改變。
不過並非將自己變得合於新事物，
乃是將事物變得合於自己而已。
　——《華蓋集・補白》

孩子初學步的第一步，在成人看來，
的確是幼稚、危險、不成樣子，
或者簡直是可笑的。
但無論怎樣的愚婦人，
卻總以懇切的希望的心，
看他跨出這第一步去，
絕不會因為他的走法幼稚，
怕要阻礙闊人的路線而「逼死」他；
也絕不至於將他禁在床上，
使他躺著研究到能夠飛跑時再下地。
因為她知道，假如這麼辦，
即使長到一百歲也還是不會走路的。
　　——《華蓋集·這個與那個》

中國的書，
亂罵唯物論之類的固然看不得，
自己不懂而亂贊的也看不得，
所以我以為最好先看一點基本書，
庶不致為不負責任的論客所誤。
　　——《致徐懋庸》

做人、處世

惡意的批評家在嫩苗的地上馳馬當然是十分快意的事，
然而遭殃的是嫩苗——平常的苗和天才的苗。
幼稚對於老成，有如孩子對於老人，絕沒有什麼恥辱；
作品也一樣，起初幼稚，不算恥辱的。
因為倘不遭了戕賊，他就會生長、成熟、老成；
獨有老衰和腐敗，倒是無藥可救的事！
——《墳・未有天才之前》

我以為在抗日戰線上是任何抗日力量都應當歡迎的，
同時在文學上也應當容許各人提出新的意見來討論，
「標新立異」也並不可怕……
——《且介亭雜文末編・答徐懋庸並關於抗日統一戰線問題》

只要能培一朵花，
就不妨做做會朽的腐草……
——《三閒集・〈近代世界短篇小說集〉小引》

世間有所謂「就事論事」的辦法，
現在就詩論詩，
或者也可以說是無礙的罷！
不過我總以為倘要論文，
最好是顧及全篇，
並且顧及作者的全人，
以及他所處的社會狀態，
這才較為確鑿。
要不是，是很容易近乎說夢話。
——《且介亭雜文二集·「題未定」草〈六～九〉》

批評家的職務不但是剪除惡草，
還得灌溉佳花——佳花的苗。
——《華蓋集·並非閒話〈三〉》

歷史的巨輪，
是絕不因幫閒們的不滿而停運的；
我已經確切的相信，將來的光明，
必將證明我們不但是文藝上的遺產的保存者，
而且也是開拓者和建設者。
——《集外集拾遺·〈引玉集〉後記》

巨大的建築，
總是一木一石疊起來的，
我們何妨做做這一木一石呢？
我時常做些零碎事，就是為此。
　　──《魯迅書信集‧致賴少麒》

在生活的路上，
將血一滴一滴地滴過去，以飼別人，
雖自覺漸漸瘦弱，也以為快活。
　　──《兩地書〈九五〉》

戰鬥的作者應該注重於「論爭」，
倘在詩人，則因為情不可遏而憤罵，
而且要「喜笑怒罵皆呈文章」，
使敵人因此受傷或致死，
而自並無卑劣的行為，
觀者也不以為汙穢，
這才是戰鬥的作者的本領。
　　──《南腔北調集‧辱罵和恐嚇絕不是戰鬥》

看見我有女生在座，他們便造流言，
無論事之有無，他們是在所必造的，
除非我和女人不見面。
他們貌作新思想，
其實都是暴君酷吏、偵探、小人。
倘使顧忌他們，他們更要得步進步。
我蔑視他們。
我有時自己慚愧，怕不配愛那一個人；
但看看他們的言行思想，
便覺得我也並不算壞人，我可以愛。
　　——《魯迅書信集》

革命文學者若不想以他的文學，
助革命更加深化、展開，
卻借革命來推銷他自己的「文學」，
則革命高揚的時候，
他正是獅子身中的害蟲，
而革命一受難，
就一定要發現以前的「良心」……走出陣線之外，
好則沉默，壞就成為叭兒的。
　　——《偽自由書·後記》

文學不借人，也無以表示「性」，
一用人，而且還在階級社會裏，
即斷不能免掉所屬的階級性。
無須加以「束縛」，實乃出於必然。
自然「喜怒哀樂人之情也」，
然而窮人絕無開交易所折本的懊惱，
煤油大王那會知道北京撿煤渣老婆子身受的酸辛，
飢區的災民大約總不去種蘭花，
像闊人的老太爺一樣，
賈府上的焦大，也不愛林妹妹的。
——《二心集・「硬譯」與「文學的階級性」

萬不可去做空頭文學家或美術家。
——《且介亭雜文末編・死》

我以為就是聖賢豪傑，
也不必自慚他的童年。
自慚，倒是一個錯誤。
——《〈中國新文學大系〉小說・二集序》

長者須是指導者、協商者，
卻不該是命令者。
不但不該責幼者供奉自己，
而且還須用全副精神，專為他們自己，
養成他們有耐勞作的體力、純潔高尚的道德、
廣博自由能容納新潮流的精神，
也就是能在世界新潮流中，不被淹沒的力量。
——《墳·我們現在應該怎樣做父親》

馴良之類並不是惡德，
但發展開去，對一切事無不馴良，
卻絕不是美德，也許簡直倒是沒出息。
「爸爸」和前輩的話，
固然也要聽的，但也須說得有道理。
假使有一個孩子，
自以為事事都不如人，鞠躬倒退，
或者滿臉笑容，實際上卻總是陰謀暗箭，
我實在寧可聽到當面罵我「什麼東西」的爽快，
而且希望他自己是一個東西。
——《且介亭雜文·從孩子照相說起》

中國一般的趨勢，卻只在向馴良之類——
「靜」的一方面發展，
低眉順眼，唯唯諾諾，
才算一個好孩子，名之曰「有趣」。
活潑、健康、頑強、挺胸仰面……凡是屬於「幼」的，
那就未免有人搖頭了，甚至於稱之為「洋氣」。
　　——《且介亭雜文・從孩子照相說起》

只要我還活著，
不管做什麼，做多久，總要做下去。
　　——《魯迅致增田涉書信選》

我的確時時解剖別人，
然而更多的是更無情面地解剖我自己……
　　——《墳・寫在「墳」後面》

我解剖自己並不比解剖別人留情面。
　　——《而已集・答有恆先生》

改造自己總比禁止別人來得難。

——《且介亭雜文二集·論毛筆之類》

不平還是改造的引線，
但必須改造了自己，再改造社會；
改造社會，萬不可單是不平。
至於憤恨，卻幾乎全無用處。

——《熱風·隨感錄〈六十二〉》

由歷史所指示，
凡有改革，最初總是覺悟的智識者的任務。
但這些智識者，卻必須有研究，
能思索，有決斷，而且有毅力。
他也用權，卻不是騙人，他利導，卻並非迎合。
他不看輕自己，以為是大家的戲子，
也不看輕別人，當作自己的嘍囉。
他只是大眾中的一個人，
我想，這才可以做大眾的事業。

——《且介亭雜文·門外文談》

我從別國裏竊得火來（註），

本意卻在煮自己的肉，

以為倘能味道較好，

庶幾在咬嚼者那一面也得到較多的好處，

我也不枉費了身軀……

　　● 註：指翻譯馬列主義著作。

——《二心集·「硬譯」與文學的階級性》

只要看一看金，免得受硫化銅的欺騙。

而且一識得真金，一面也就真的識得了硫化銅，

一舉兩得了。

——《且介亭雜文·隨便翻翻》

「比較」是醫治受騙的好方子。

——《且介亭雜文·隨便翻翻》

有百利而無一弊的事也是沒有的，只可權大小。

——《且介亭雜文二集·從「別字」說開去》

現在做人，似乎只能隨時隨手做點益於人之事，
倘其不能，就做些利己而不損人之事，
又不能，則做些損人利己之事，
只有損人而不利己的事，
我是反對的，如強盜之放火是也。
——《致曹聚仁》

這些「流言」和「聽說」，當然都只配當作狗屁！
——《華蓋集·並非閒話》

我自己對於苦悶的辦法，
是專與襲來的痛苦搗亂，
將無賴手段當作勝利，
硬唱凱歌算是樂趣，
這或者就是糖罷！
——《兩地書》

一人說，將來勝過現在。

一人說，現在遠不及從前。

一人說，什麼？

時道，你們都侮辱我的現在。

從前好的，自己回去；

將來好的，跟我前去。

這說什麼的，

我不和你說什麼。

　　──《集外集》

耶穌說，見車要翻了，扶他一下。

Nietzsche（尼采）說，見車要翻了，推他一下。

我自然是贊成耶穌的話，

但以為倘若不要你扶，便不必硬扶，聽他罷了。

此後能夠不翻，固然很好，

倘若終於翻倒，然後再來切切實實的幫他抬。

　　──《集外集》

試弊、抗爭

中國人的不敢正視各方面，
用瞞和騙，造出奇妙的逃路來，而以為正路。
在這路上，就證明著國民性的怯弱、懶惰，而又巧滑。
一天一天的滿足，即一天一天的墮落著，
但卻又覺得日見其光榮⋯⋯
——《墳‧論睜了眼看》

野牛成為家牛，野豬成為豬，
狼成為狗，野性是消失了，
但只足使牧人喜歡，於本身並無好處。
——《而已集‧略論中國人的臉》

我想，苦痛是總與人生聯帶的，
但也有離開的時候，就是當熟睡之際。
醒的時候要免去若干苦痛，
中國的老法子是「驕傲」與「玩世不恭」
⋯⋯苦茶加糖，其苦之量如故，只是聊勝於無糖，
但這糖就不容易找到，我不知道在那裏⋯⋯
——《兩地書》

人到無聊，便比什麼都可怕，

因為這是從自己發生的，不大有藥可救。

——《兩地書》

父子們的衝突著，

但倘用神通將他們的年紀變成約略相同，

便立刻可以像一對志同道合的好朋友。

——《集外集・烽話五則》

與其迷信、模糊，不知認真。

倘若相信鬼還要用錢，

我贊成北宋人似的索性將銅錢埋到地裏去，

現在那麼的燒幾個紙錠，

卻已經不但是騙別人，騙自己，

而且簡直是騙鬼了。

中國有許多事情都只剩下一個空名和假樣，

就為了不認真的緣故。

——《花邊文學・〈如此廣州〉讀後感》

中國公共的東西，實在不容易保存。

如果當局者是外行，他便將東西糟完，

倘是內行，他便將東西偷完。

而其實也並不單是對於書籍或古董。

──《而已集‧談所謂「大內檔案」》

中國人要「面子」是好的，

可惜的是這「面子」是「圓機活法」，

善於變化，於是就和「不要臉」混起來了。

長谷川如是閑說「盜泉」云：「古之君子，惡其名而不

飲，今之君子，改其名而飲之。」

也說穿了「今之君子」的「面子」的秘密。

──《且介亭雜文‧說「面子」》

中國的文人對於人生……至少是對於社會現象，

向來就多沒有正視的勇氣。

我們的聖賢，本來早已教人「非禮勿視」的了；

而這「禮」又非常之嚴，不但「正視」，

連「平視」、「斜視」也不許。

──《墳‧論睜了眼看》

其實，先驅者本是容易變成絆腳石的。

——《集外集拾遺・新的世故》

叛逆的猛士出於人間。他屹立著，

洞見一切已改和現有的廢墟和荒墳，

記得一切深廣和久遠的苦痛，

正視一切重迭淤積的凝血，

深知一切已死、方生、將生和未生。

——《野草・淡淡的血痕中——紀念幾個死者和生者和
　　未生者》

魂靈被風沙打擊得粗暴，

因為這是人的魂靈，

我愛這樣的魂靈；

我願意在無形無色的鮮血淋漓的粗暴上接吻。

飄渺的名園中，奇花盛開著，

紅顏的靜女正在超然發生地逍遙，

鶴唳一聲，白雲鬱然而起……這自然使人神往的罷！

然而我總記得我活在人間。

——《野草・一覺》

誠然「無毒不丈夫」，形諸筆墨，卻還不過是小毒，
最高的輕蔑是無言，而且連眼珠也不轉過去。
——《且介亭雜文末編·半夏小集》

「犯而不校」（註）是恕道；
「以眼還眼，以牙還牙」是真道。
中國最好的卻是「枉道」，
不打落水狗，反被狗咬了。
但是，這其實是老實人自己討苦吃。

● 註：見《論語·泰伯》。
校是計較。這句話的意思是受到侵犯不要去計較。
——《墳·論「費厄潑賴」應該緩行》

要戰鬥下去嗎？
當然，要戰鬥下去！無論它對面是什麼。
——《魯迅書簡·下卷·致蕭軍》

犧牲，那是無可免的，但自然愈少愈好，
我的一向主張「壕塹戰」就為此。
——《魯迅書信集·致楊霽雲》

環境是老樣子，

著著逼人墮落，

倘不與這老社會奮鬥，

還是要回到老路口去。

——《集外集拾遺‧關於知識階級》

學習、實踐

這是的確的，實地經驗總比看、聽、空想確鑿。

我先前吃過乾荔枝、罐頭荔枝、陳年荔枝，

並且由這些推想過新鮮的好荔枝。

這回吃過了，和我所猜想的不同，

非到廣東來吃就永不會知道。

——《而已集‧讀書雜談》

倘只看書，便變成書櫥，即使自己覺得有趣，

而那趣味其實是已在逐漸硬化，逐漸死去了。

我先前反對青年躲進研究室，也就是這意思……

——《而已集‧讀書雜談》

讀死書是害己，一開口就害人；
但不讀書也並不見得好。
——《花邊文學‧讀幾本書》

愛看書的青年，大可以看看本分以外的書⋯⋯
即使和本業毫不相干的，也要泛覽。
譬如，學理科的，偏看看文學書，
學文學的，偏看看科學書，
看看別個在那裡研究的，
究竟是怎麼一回事，
這樣子對於別人、別事，可以有更深的瞭解。
——《而已集‧讀書雜談》

看看世界旅行記，
藉此就知道各處的人情風俗和物產。
——《致顏黎民信》

韌性、勇氣

「韌」也就是「鍥而不舍」。
逐漸的做一點，總不肯休，
不至於比「踔厲風發」無效的。
——《兩地書〈十二〉》

即使艱難，也還要做；
愈艱難，就愈要做。
改革，是向來沒有一帆風順的……
——《且介亭雜文‧中國語文的新生》

凡事實，靠發少爺脾氣是改不過來的。
格里萊阿（即伽利略）說地球在迴旋，
教徒要燒死他，他怕死，將主張取消了。
但地球仍然在迴旋。為什麼呢？
就因為地球是實實在在迴旋的緣故。
——《偽自由書‧止哭文學》

必須敢於正視，這才可望敢想，敢說，敢作，敢當。
倘使並正視而不敢，此外還能成什麼氣候。
然而，不幸這一種勇氣，是我們中國人所最缺乏的。
——《墳·論睜了眼看》

地火在地下運行，奔突；
熔岩一旦噴出，將燒盡一切野草及喬木，並且無可朽腐。
——《三閒集·扁》

做一件事，無論大小，倘無恒心，是很不好的。
而看一切太難，固然能使人無成，
但若看得太容易，也能使事情無結果。
——《致陳煙橋》

我並不覺得我有「名」，即使有之，
也毫不想因此而作文更加鄭重，
來維持已有的名以及別人的信仰。
——《咬嚼之餘》

人若一經走出麻木境界，

便即增加苦痛，而且無法可想。

所謂「希望將來」，不過是自慰或者簡直是自欺之法，

即所謂「隨順現在」者也一樣。

必須麻木到不想「將來」也不知「現在」，

這才和中國的時代環境相合，

但一有知識，就不能再回到這地步去了。

也只好如我前信所說「有不平而不悲觀」，

也即來之所謂「養精蓄銳以待及鋒而試」罷。

　　——《兩地書》

這樣的害怕，一動也不敢動，怎樣能夠有進步呢？

這實在是沒有力量的表示。

比如我們吃東西，吃就吃，

若是左思右想，吃牛肉怕不消化，

喝茶時又要懷疑，那就不行了，

老年人才是如此，有力量有自信力的人是不至於此的。

雖是西洋文明罷，我們能吸收時，

就是西洋文明也變成我們自己的了。

如像吃牛肉一樣，絕不會吃了牛肉自己也即變成牛肉的。

　　——《集外集拾遺補編·關於知識階級》

沒有衝破一切傳統思想和手法的闖將，

中國是不會有真的新文藝的。

　　——《墳·論睜了眼看》

戰鬥當首先守住營壘，

若專一衝鋒，而反遭覆滅，

乃無謀之勇，非真勇也。

　　——《滯榴花社》

無論從那裡來的，只要是食物，

壯健者大抵就無需思索，承認是吃的東西。

惟有衰病的，卻總常想到害胃、傷身，

特有許多禁條，許多避忌，

還有一大套比較利害而終於不得要領的理由，

例如，吃固無妨，而不吃尤穩，食之或當有益，

然究以不吃為宜云云之類。

但這一類人物總要日見其衰弱的，

因為他終日戰戰兢兢，自己先已失去了活氣。

　　——《三閒集·看鏡有感》

批評、教育

用筆的人以為一做批評家，
便可以高踞文壇，
所以速成和亂評的也不少，
但要矯正這風氣，是須用批評的……
　　——《花邊文學・看書瑣記〈三〉》

所希望於批評家的，實在有三點：
一、指出壞的；
二、獎勵好的；
三、倘沒有，則較好的也可以。
　　——《准風月談・關於翻譯〈下〉》

擺著文藝批評家的架子，
而憎惡別人的鼓吹了創作。
倘無創作，將批評什麼呢？
這是我所最不能懂得他的心腸的。
　　——《三閒集・文藝與革命》

我對於文藝批評家的希望卻還要小。
我不敢望他們於解剖裁判別人的作品之前,
先將自己的精神來解剖裁判一回,
看本身有無淺薄卑劣荒謬之處,
因為這事情是頗不容易的。
　　——《熱風‧對於批評家的希望》

公正的世評使人謙遜,
而不公正或流言式的世評,
則使人傲慢或冷嘲,
否則他一定要憤死或被逼死的。
　　——《書齋生活與其危險‧譯者附記》

一有文人,就有糾紛,
但到後來,誰是誰非,
孰存孰亡,都無不明明白白。
因為還有一些讀者,
他的是非愛憎,是比和事老(注)的評論家還要清楚的。
　　●註:和事老是說同樣一句話,只會同調子之意。
　　——《且介亭雜文二集‧再論「文人相輕」》

專做小題，與並非真正之敵尋釁⋯⋯
這些批評家之病亦難治。
他們斥小說家寫「身邊瑣事」，
而不悟自己在做「身邊批評」，
較遠之大敵不看見、不提起的。
　　──《魯迅書信集》

文藝必須有批評，
批評如果不對了，
就得用批評來抗爭，
這才能夠使文藝、批評一同前進，
如果一律掩住嘴，算是文壇已經乾淨，
那所得的結果倒是要相反的。
　　──《花邊文學・看書瑣記〈三〉》

批評家若不就事論事，
而說些應當去如此如彼，
是溢出於事權以外的事，
因為這類言語是商量教訓而不是批評。
　　──《熱風・對於批評家的希望》

用別一種兵器向著同一的敵人，

為了同一的目的而戰鬥的夥伴，他的武器──

藝術的言語，是有極大的意義的。

　　──《集外集拾遺・譯本高爾基（一月九日）小引》

中國中流的家庭，教孩子大抵只有兩種法。

其一，是任其跋扈，一點也不管，

罵人固可，打人亦無不可，

在門內或門前是暴主，是霸王，

但到外面，便如失了網的蜘蛛一般，立刻毫無能力。

其二，是終日給以冷遇或呵斥，

甚而至於打撲，使他畏葸退縮，

彷彿一個奴才、一個傀儡，

然而父母卻美其名曰「聽話」，

自以為是教育的成功，待到放他到外面來，

則如暫出樊籠的小禽，

他絕不會飛鳴，也不會跳躍。

頑皮、鈍滯，都足以使人沒落、滅亡。

童年的情形，便是將來的命運。

　　──《南腔北調集・上海的兒童》

我們的新人物，

講戀愛，講小家庭，講自立，講享樂了，

但很少有人為兒女提出家庭教育的問題、

學校教育的問題、社會改革的問題。

先前的人，只知道「為兒孫作牛馬」，

卻不能不說是一個更大的錯誤。

　　——《南腔北調集・上海的兒童》

青年們先可以將中國變成一個有聲的中國，

大膽地說話，能做事的做事，能發聲的發聲，

有一分熱，發一分光，就令螢火蟲一般，

也可以在黑暗裏發一點光，不必等候炬火。

倘若有了炬火，出了太陽，我們自然心悅誠服的消失，

不但毫無不平，而且還要隨喜贊美這炬火或太陽，

因為「他」照亮了人類，連我在內。

　　——《熱風・隨感錄〈四十一〉》

馴良之類並不是惡德。
但發展下去，對一切事無不馴良，
卻絕不是美德，也許簡直倒是沒出息。
「爸爸」和前輩的話，固然也要聽的，
並也須說的有道理。
　　──《從孩子的照相說起》

施以獅虎式的教育，
他們就能用爪牙；
施以牛羊式的教育，
他們到了萬分危急時還會用一對可憐的角。
然而我們所施的是什麼式的教育呢？
連小小的角也不能有，
則大難臨頭，惟有兔子似的逃跑而已。
　　──《南腔北調集·論「赴難」和「逃難」》

無情未必真豪傑，憐子如何不丈夫。

知否興風狂嘯者，回眸時看小於菟。

——《集外集》

許多煙捲，不過是麻醉藥，

煙霧中也沒有見過極樂世界。

假使我真有指導青年的本領，

無論指導的錯不錯，我絕不藏匿起來。

——《兩地書》

孩子是可以敬服的，

他常常想到星月以上的境界，

想到地面下的情形，

想到花卉的用處，

想到昆蟲的言語；

他想飛上天空，

他想潛入蟻穴……

所以給兒童看的圖書就必須十分慎重，

做起來也十分煩難。

——《且介亭雜文‧看圖識字》

批判、辯論

每一新制度、新學術、新名詞傳入中國，
便如落在黑色染缸，立刻烏黑一團，化為濟私助焰之具。
科學，亦不過其一而已。
此弊不去，中國是無藥可救的……
——《花邊文學‧偶感》

做了人類想成仙，
生在地上要上天，
明明就是現代人，
吸著現在的空氣，
卻偏要勒派朽腐的名教（註）、僵死的語言，
侮蔑盡現在……這就是「現在的屠殺者」，
殺了「現在」，也便殺了「將來」。
　　●註：名教是指封建社會的等級名分和禮教。
——《熱風‧隨感錄〈五十七〉現在的屠殺者》

中國的作文和做人，都要古已有之，
但不可直抄整篇，而須東拉西扯，
補綴得看不出縫，這才算是上上大吉。
所以做了一大通，還是等於沒有做，
而批評者則謂之好文章或好人。
社會上的一切，什麼也沒有進步的病根就在此。
──《二心集‧作古文和做好人的秘訣》

要催促新的產生，
對於有害於新的舊物，
則竭力加以排擊……
──《我和〈語絲〉的始終》

歷史絕不倒退……
悲觀的由來，是在置身事外不辨是非，
或者竟是自己坐在沒落的營盤裏。
──《中國文壇的悲觀》

外國人用火藥製造子彈禦敵，
中國人卻用它做爆竹敬神；
外國人用羅盤針航海，
中國人卻用它看風水；
外國人用鴉片醫病，
中國人卻拿來當飯吃。
同一種東西，而中外用法之不同有如此……
——《偽自由書·電的利弊》

《紅樓夢》是中國許多人所知道，
至少是知道這名目的書。
誰是作者和續者姑且勿論，
單是命意，就因讀者眼光而有種種：
經學家看見《易》，道學家看見淫，
才子看見纏綿，革命家看見排滿，
流言家看見宮闈密事……
——《集外集拾遺·〈絳洞花主〉小引》

坐在客廳裏談談社會主義，
高雅得很，漂亮得很，
然而並不想到實行的。
這種社會主義者，毫不足靠。
——《二心集‧對於左翼作家聯盟的意見》

在現今的世上，
要有不偏不倚的公論，
本是一種夢想……
——《華蓋集續編‧送竈日漫筆》

俗語說：「好死不如惡活。」
這當然過是俗人的俗見罷了，
可是文人學者之流也何嘗不這樣。
所不同的，只是他總有一面辭嚴義正的軍旗，
還有一條尤其義正辭嚴的逃路。
——《華蓋集續編‧有趣的消息》

夫近乎「持中」的態度大概有二：

一者「非彼即此」，

二者「可彼可此」也。

前者無主意，不盲從，不附勢，

或者別有獨特的見解，

但境遇是很危險的，

所以葉名琛終至於敗亡，

雖然他不過是無主意；

後者則是「騎牆」，

或是極巧妙的「隨風倒」。

　　——《集外集·我來說「持中」的真相》

不打「落水狗」是誤人子弟……

　　——《墳·論「費厄潑賴」應該緩行》

留情面是中國文人最大的毛病，

他以為自己筆下留情，

將來失敗了，敵人也會留情面，

殊不知那時他是絕不留情面的。

　　——《魯迅書簡·下卷·致蕭軍、蕭紅》

「發思古之幽情」，往往為了現在。
——《花邊文學‧又是「莎士比亞」》

狗性總不大會改變的，
如果以為落水之後，十分可憐，
則害人的動物，可憐者正多，便是霍亂病菌，
雖生殖的快，那性格卻何等地老實，
然而醫生是絕不肯放過它的。
——《墳‧論「費厄潑賴」應該緩行》

不錯，漢字是我們古代留下來的寶貝，
但我們的祖先比漢字還古，
所以我們更是古代傳下來的寶貝。
為漢字而犧牲我們，
還是為我們而犧牲漢字呢？
這是只要還沒有喪心病狂的人，
都能夠馬上回答的。
——《花邊文學‧漢字與拉丁化》

這些人大抵便是所謂「文學家」，如長虹一樣，
以我為「絆腳石」，以為將我除去，
他們的文章便光燄萬丈了。
其實是並不然的，
文學史上我沒有見過用陰謀除去了文學上的敵手，
便成為文豪的人。
——《魯迅書信集》

連他長指甲都不肯剪去的人，
是絕不肯剪去他的辮子的。
——《三閒集‧無聲的中國》

倘使不改變現狀，反能興旺，
能得真實自由的幸福生活，
那就是做野蠻也很好，
但可有人敢答應說「是」嗎？
——《熱風‧隨感錄〈三十八〉》

曾經闊氣的要復古，
正在闊氣的要保持現狀，
未曾闊氣的要革新。
　　——《而已集·小雜感》

時代環境全部遷流並且進步，
個人始終如故毫無長進，
這才謂之「落伍者」。
　　——《兩地書〈六〉》

我看中國有許多智識分子，
嘴裡用各種學說和道理來粉飾自己的行為，
其實卻只顧自己一個的便利和舒服，
凡有被他遇見的，
都用作生活的材料一路吃過去，像白蟻一樣，
而遺留下來的卻只是排泄的糞。
社會上這樣的東西一多，社會是要糟的。
　　——《魯迅書信集》

近十年來，文學家的頭銜，
已成為名利雙收的支票了，好名漁利之徒，
就也有些要從這裡下手，
而且確也很有幾個成功：
開店鋪者有之，造洋房者有之。
不過手淫小說易於癆傷，
「管他娘」詞也難以發達，
那就只好轉用策略，施行詭計，
陷害了敵人或者並無干係的人，
來提高他自己的「文學上的價值」。
　　——《集外集拾遺·辯「文人無行」》

然而我的壞處，是在論時事不留面子，
砭錮弊常取類型，而後者尤與時宜不合。
蓋寫類型者，於壞處，恰如病理學上的圖，
假如是瘡疽，則這圖便是一切某瘡某疽的標本，
或和某甲的瘡有些相像，或和某乙的疽有點相同。
而見者不察，以為所畫的只是他某甲的瘡，
無端侮辱，於是就必欲制你畫者的死命了。
　　——《偽自由書·前記》

我想，作家和批評家的關係，
頗有些像廚師和食客。
廚師做出一味食品來，食客就要說話，
或是好，或是歹。
廚師如果覺得不公平，
可看看他是否神經病，是否厚舌苔，
是否挾夙嫌，是否想賴帳。
或者他是否廣東人，想吃蛇肉；
是否四川人，還要辣椒……
於是提出解說或抗議來。
自然，一舉不響也可以，
但是倘若他對客人大叫道：
「那麼，你去做一碗來給我吃吃看！」
那卻未免有些可笑了。
　　──《花邊文學‧看書瑣記〈三〉》

中國多暗箭，挺身而出的勇士容易喪生……
但恐怕也有時會逼到非短兵相接不可的，
這時候，沒有法子，就短兵相接。
　　──《兩地書》

向「革命的智識階級」叫打倒舊東西，
又拉舊東西來保護自己；
要有革命者的名聲，
卻不肯吃一點革命者往往難免的辛苦，
於是不但笑啼俱偽，並且左右不同，
連葉靈風（註）所抄襲來的「陽陰臉」，
也還不足以淋漓盡致地為他們自己寫照，
我以為這是很可惜，也覺得頗寂寞的。
　　● 註：本名葉蘊璞，作家、畫家，曾作畫攻擊過魯迅。
　　──《三閒集·文壇的掌故》

他們是羊，同時也是凶獸，
但遇見比他更凶的凶獸時便現羊樣，
遇見比他更弱的羊時便現凶獸樣……
　　──《華蓋集·忽然想到〈七〉》

倘有戴著假面，以導師自居的，
就得叫他除下來，否則便將它撕下來，
互相撕下來，撕得鮮血淋漓，
臭架子打得粉碎，然後可以談後話。
　　──《華蓋集續編·我還不能「帶住」》

在這「國難聲中」恰如用棍子攪了一下停滯多年的池塘，
各種古的沉滓，新的沉滓，就都翻著觔斗漂上來，
在水面上轉一個身，來趁勢顯示自己的存在了。
但因為泛起來的是沉滓，沉滓又究竟不過是沉滓，
因此一泛，他們的本相倒越加分明，
而最後的命運，也還是仍舊沉下去。
　　——《二心集・沉滓的泛起》

激烈得快的，也平和得快，甚至於也頹廢得快。
倘在文人，他總有一番辯護自己的變化的理由——
引經據典。
譬如說，要人幫忙的時候用克魯巴金的互助論，
要和人爭鬧的時候就用達爾文的生存競爭說。
無論古今，凡是沒有一定的理論，
或主張的變化並無線索可尋，
而隨時拿了各種各派的理論來作武器的人，
都可以稱之為流氓。
　　——《二心集・上海文藝一瞥》

夜的降臨，

抹殺了一切文人學士們當光天化日下寫在耀眼的白紙上的

超然、混然、恍然、勃然、燦然的文章，

只剩乞憐，討好、撒謊、騙人、吹牛、搞鬼的夜氣，

形成一個燦爛的金色光圈，

像見於佛畫上面似的，

籠罩在學識不凡的頭腦上。

現在的光天化日，熙來攘往，就是這黑暗的裝飾，

是肉醬缸上的金蓋，是鬼臉上的雪花膏。

——《准風月談·夜頌》

有些東西，為要顯示他傷害你的時候的公正，

在不相干的地方就稱贊你幾句，

似乎有賞有罰，使別人看去，很像無私……

——《華蓋集續編·無花的薔薇》

自己一面點電燈，坐火車，吃西餐，

一面卻罵科學，講國粹，確是所謂「士大夫」的壞處。

——《書信·至阮善先》

至於「萬不可再敷衍下去」，

那實在是斬釘截鐵的辦法，正應該這樣辦。

但是，世上雖然有斬釘截鐵的辦法，

卻很少見有敢負責的宣言，

所多的是自在黑幕中，偏說不知道；

替暴君奔走，卻以局外人自居；

滿肚子懷著鬼胎，而裝出公允的笑臉；

有誰明說出自己所觀察的是非來的，

他便用了「流言」來作不負責的武器……

這種蛆蟲充滿的「臭毛廁」，是難於打掃乾淨的。

　──《華蓋集・並非閒話》

幫閒，在忙的時候就是幫忙，

倘若主子忙於行兇作惡，那自然也就是幫兇。

但他的幫法，

是在血案中而沒有血迹，也沒有血腥氣的。

　──《准風月談・幫閒法發隱》

這最末的一手，是二丑的特色，
因為他沒有義僕的愚笨，
也沒有惡僕的簡單，他是智識階級。
他明知道自己所靠的是冰山，一定不能長久，
他將來還要到別家幫閒，
所以當受著豢養，分著餘炎的時候，
也得裝著和這貴公子並非一夥……
世間只要有權門一定有惡勢力，
有惡勢力就一定有二花臉，而且有二花臉藝術。
——《准風月談‧二丑藝術》

因為一個人受了難，或者遭了冤，
所謂先前的朋友，一聲不響的固然有，
連趕緊來投幾塊石子，
藉此表明自己是屬於勝利著一方面的，
也並不算怎麼稀罕……
——《且介亭雜文末編‧續記》

他總要「以己之心，度人之心」，
度了之後便將這心硬塞在別人的腔子裡，
裝作不是自己的，而說別人的心沒有他的乾淨。
——《花邊文學‧「小童擋駕」》

最奇的是竟有同人而匿名加以攻擊者。
子彈從背後來，真足令人悲憤……
——《書信‧致曹靖華》

不過中國的有一些士大夫，
總愛無中生有、移花接木的造出故事來，
他們不但歌頌昇平，還粉飾黑暗。
——《且介亭雜文‧病後雜談》

謠言世家的子弟，
是以謠言殺人，
也以謠言被殺的。
——《南腔北調集‧謠言世家》

謠言這東西，
確切是造謠者本心所希望的事實。
我們可以藉此看看一部分人的思想行為。
——《華蓋集續編·無花的薔薇〈三〉》

造謠的和幫助造謠的，
一下子都顯出本相來了。
——《二心集·再來一條「順」的翻譯》

笑裡可以有刀，
自稱酷愛和平的人民，
也會有殺人不見血的武器，那就是謠言。
——《南腔北調集·謠言世家》

然而謠言家是極無恥而且巧妙的，
一到事實證明了他的話是撒謊時，
他就躲下，另外又來一批。
——《南腔北調集·我們不再受騙了》

然而無論如何，「流言」總不能嚇啞我的嘴。
——《華蓋集・我的「籍」和「系」》

對於謠言，我是不會懊惱的，
如果懊惱，每月就得懊惱幾回，
也未必活到現在了。
大約這種境遇，是可以練習慣的，
後來就毫不要緊。
倘有謠言，自己就懊惱，
那就中了造謠者的計了。
——《魯迅書簡・下卷・致蕭軍》

搞鬼有術，也有效，然而有限，
所以以此成大事者，古來無有。
——《南腔北調集・搞鬼心傳》

看見正人君子模樣的人物，
竟會覺得他也許正是蜘蛛精了。
——《集外集拾遺・上海所感》

醜態，我說倒還沒有什麼丟人，

醜態蒙著公正的皮，這才催人嘔吐。

但終於使我覺得有趣的是蒙著公正的皮的醜態，

又自己開出賬（列出）來發表了，彷彿世界上還有光明，

但即便費盡心機，結果仍然是一個瞞不住。

——《華蓋集·答KS君》

因環境所迫，不得不新，一旦得志，即不免老病復發……

——《魯迅書信集·致楊霽雲》

其實，「君子遠庖廚也」就是自欺欺人的辦法。

君子非吃牛肉不可，然而他慈悲，

不忍見牛臨死的觳觫，於是走開，

等到燒成牛排，然後慢慢地來咀嚼。

牛排是絕不會「觳觫」的了，也就和慈悲不再有衝突，

於是他心安理得，天趣盎然，剔剔牙齒，摸摸肚子，

「萬物皆備於我矣」了。

——《且介亭雜文·病後雜談》

前年，我作了一篇短文，

主張「落水狗」還是非打不可。

就有老實人以為苛酷，太欠大度和寬容，

況且我以此施之人，人又以報諸我，

報施將永無了結的時候。

但是，外國我不知，

在中國，歷來的勝利者，有誰不苛酷的呢？

取近例，則如清初的幾個皇帝、民國二年後的袁世凱，

對於異己者何嘗不趕盡殺絕？

只是他嘴上卻說著什麼大度和寬容，

還有什麼慈悲和仁厚……

但便是中國，在事實上，到現在為止，

凡有大度、寬容、慈悲和仁厚等等美名，

也大抵是名實並用者失敗，只用其名者成功的，

然而竟瞞過了一群大傻子，還會相信他。

——《慶祝滬寧克復的那一邊》

苛求君子，寬縱小人，自以為明察秋毫，

而實則反助小人張目。

——《且介亭雜文二集・題未定「草」》

蒼蠅的飛鳴，是不知道人們在憎惡他的；
我卻明知道，然而只要能飛鳴就偏要飛鳴。
我的可惡有時自己也覺得，
即如我的戒酒，吃魚肝油，以望延長我的生命，
倒不盡是為了我的愛人，大大半乃是為了我的敵人——
給他們說得體面一點，就是敵人罷——
要在他的好世界上多留一些缺陷。
——《墳‧題記》

聰明人就會推，
把別人推開，推倒，踏在腳底下，
踹著他們的肩膀和頭頂，爬上去了。
——《准風月談‧爬和撞》

倘有同一營壘中的人，
化了裝從背後給我一刀，
則我對於他的憎惡和鄙視，
是在明顯的敵人之上的。
——《且介亭雜文‧答〈戲〉週刊編者信》

空談之美，是談不久，也談不出什麼來的，

它終必被事實的鏡子照出原形，拖著尾巴而去。

——《魯迅書簡》

聽說剛勇的拳師絕不再打那已經倒地的敵手，

這實足使我們奉為楷模。

但我以為尚須附加一事，

即敵手也須是剛勇的鬥士，

一敗之後，或自愧自悔而不再來，

或尚須堂皇地來相報復，那當然都無不可。

而於狗，卻不能引此為例，與對於等的敵手齊觀，

因為無論它怎樣狂噑，其實並不解什麼「道義」；

況且狗是能浮水的，一定仍要爬到岸上，

倘不注意，它先就聳身一搖，將水點灑得人們一身一臉，

於是夾著尾巴逃走了，但後來性情還是如此。

老實人將它的落水議作受洗，

以為必已懺悔，不再出而咬人，

實在是大錯而特錯的事。

總之，倘是咬人之狗，

我覺得都在可打之列，

無論它在岸上或在水中。

——《墳‧論「費厄潑賴」可以緩行》

敵人是不足懼的，
最令人寒心而且灰心的是友軍中的從背後來暗箭、
受傷之後同一營壘中快意的笑臉。
——《魯迅書信集》

但出版界也真難，
別國的檢查是刪去，
這裡卻是給作者改文章。
那些人物，原是做不成作家，這才改行做官的。
現在他卻來改文章了，想被改者冤枉不冤枉？
所以我現在的辦法是倘被改動，就索性不發表。
——《致姚克》

凡事總須研究，才會明白。
古來時常吃人，我也還記得，可是不甚清楚。
我翻歷史一查，這歷史沒有年代，
歪歪斜斜的每頁上都寫著「仁義道德」幾個字。
我橫豎睡不著，仔細看了半夜，
才從字縫裡看出字來，滿本都寫著兩個字——「吃人」！
——（《吶喊》‧狂人日記）

文學、創作

我以為要論作家的作品，
必須兼想到周圍的情形。
——《且介亭雜文二集・後記》

我們想研究某一時代的文學，
至少要知道作者的環境、經歷和著作。
——《魏晉風度及文章與藥及酒之關係》

還有一樣最能引讀者入於迷途的，是「摘句」。
它往往是衣裳上撕下來的一塊繡花，
經摘取者一吹噓或附會，
說是怎樣超然物外，與塵濁無干，
讀者沒有見過全體，便也被他弄得迷離惝恍。
——《「題未定」草》

批評者有從作品來批判作者的權力，
作者也有從批評來批判批評者的權利。
——《〈出關〉的「關」》

獨有靠了一兩本「西方」的舊批評論，
或者撈一點頭腦板滯的先生們的唾餘，
或者仗著中國固有的什麼天經地義之類的，
也到文壇上來踐踏，
則我以為委實太濫用了批評的權威。
——《對於批評家的希望》

指英雄為英雄，
說娼婦為娼婦，
表面上雖像捧與罵，
實則說得剛剛合適，
不能責備批評家。
批評家的錯處是在亂罵與亂捧，
例如，說英雄是娼婦，舉娼婦為英雄。
——《罵殺與捧殺》

選本（集）所顯示的，
往往並非作者的特色，
倒是選者的眼光。
眼光愈銳利，
見識愈深廣，
選本固然愈準確，
但可惜的是大抵眼光如豆，
抹殺了作者真相的居多，
這才是一個「文人浩劫」。
──《「題未定」草》

倘以表現最普通的人性的文學為至高，
則表現最普通的動物性──
營養、呼吸、運動、生殖……的文學，或者除去「運動」，
表現生物性的文學，必當更在其上。
倘說，因為我們是人，所以以表現人性為限，
那麼無產者就因為是無產階級，所以要做無產文學。
──《二心集・「硬譯」與「文學的階級性」》

文學有普遍性，但有界限；
也有較為永久的，
但因讀者的社會體驗而生變化，
一有變化，即非永久。
說文學獨有仙骨，
是做夢的人們的夢話。
——《而已集·文學和出汗》

譬如出汗罷，
我想似乎於古有之，於今也有，
將來一定暫時也還有，
該可以算得較為「永久不變的人性」了。
然而「弱不禁風」的小姐出的是香汗，
「蠢笨如牛」的工人出的是臭汗，
不知道倘要作長留世上的文字，
要充長留世上的文學家，
是描寫香汗好呢？
還是描寫臭汗好？
這問題倘不先行解決，
則在將來文學史上的位置，
委實是「岌岌乎殆哉」！
——《而已集·文學和出汗》

無產者文學是為了以自己之力，

來解放本階級並及一切階級而鬥爭的一翼，

所要的是全盤，不是一角的地位。

──《二心集・「硬譯」與「文學的階級性」》

中國的無產階級革命文學在今天和明天之交發生，

在誣蔑和壓迫之中滋長，

終於在黑暗裡，

用我們同志的鮮血寫了第一篇文章。

──《二心集・中國無產階級革命文學和前驅的血》

我們現在以十分的哀悼和銘記，

紀念我們的戰死者，

也就是要牢記中國無產階級革命文學的歷史的第一頁，

是同志的鮮血所記錄，

永遠在顯示敵人的卑劣的兇暴和啟示我們的不斷的鬥爭。

──《二心集・中國無產階級革命文學和前驅的血》

怒吼的文學一出現，反抗就快到了……

──《而已集・革命時代的文學》

文學有階級性，
在階級社會中，
文學家雖自以為「自由」，
自以為超了階級，
而無意識底地，
也終受本階級的階級意識所支配，
那些創作，並非別階級的文化……
——《二心集·「硬譯」與「文學的階級性」》

文藝上的「第三種人」也一樣，
即使好像不偏不倚罷，
其實是總有偏向的，
平時有意的或無意的遮掩起來，
而一遇切要的事故，它便會分明的顯現。
——《南腔北調集·又論「第三種人」》

世界上時時有革命，自然會有革命文學。
——《三閒集·文藝與革命》

各種文學，都是應環境而產生的。

推崇文藝的人，雖喜歡說文藝足以煽起風波來，

但在事實上，卻是政治先行，文藝後變。

——《三閒集·現今的新文學的概觀》

一種文學是贊揚革命，稱頌革命，謳歌革命……

因為進步的文學家想到社會改變，社會向前走，

對於舊社會的破壞和新社會的建設，都覺得有意義，

一方面對於舊制度的崩壞很高興，

一方面對於新的建設來謳歌；

另有一種文學是弔舊社會的滅亡——

挽歌，也是革命後會有的文學。

——《而已集·革命時代的文學》

倘使為大眾所不懂而仍然算好，

那麼這文學也就絕不是大眾的東西了……

但是住在都市裡的小資產階級，實行是極難的，

先要「到民間去」，用過一番苦功。

——《集外集·〈奔流〉編校後記》

現在能寫什麼，就寫什麼，不必趨時，
自然更不必硬造一個突變式的革命英雄，
自稱「革命文學」；
但也不可苟安於這一點，
沒有革命，以致沉沒了自己對於時代的助力和貢獻。
——《二心集·關於小說體材的通信》

在一個最大的社會的改變時代，
文學家不能做旁觀者！
——《三閒集·在鐘樓上》

生存的小品文，
必須是匕首，是手槍，
能和讀者一同殺出一條生存的血路的東西；
但自然它也能給人愉快和休息，
然而這並不是「小擺設」，
更不是撫慰和麻痺，
它給人的愉快和休息是休養，
是勞作和戰鬥之前的準備。
——《南腔北調集·小品文的危機》

在風沙撲面，狼虎成群的時候，
誰還有這許多閒工夫，
來賞玩琥珀扇墜、翡翠戒指呢？
他們即使要悅目，
所要的也是聳立於風沙中的大建築，
要堅固而偉大，不必怎樣精；
即使要滿意，
所要的也是匕首和手槍，要鋒利而切實，
用不著什麼雅。

──《南腔北調集‧小品文的危機》

指點作法，非我所能，
我一向寫東西如廚子做菜，
做是做的，可是說不出什麼手法之類。

──《致王冶秋》

我的方法是在使讀者摸不著在寫自己以外的誰，

一下子就推諉掉，變成旁觀者，

而疑心倒像是寫自己，

又像是寫一切人，由此開出反省的道路。

　　——《且介亭雜文‧答〈戲〉週刊編者信》

不錯，比起高大的天文臺來，

「雜文」有時確實很像一種小小的顯微鏡的工作，

也照穢水，也看膿汁，

有時研究淋菌，有時解剖蒼蠅。

從高超的學者來看，是渺小，汙穢，

甚而至於可惡的。但在勞作者自己，

卻也是一種「嚴肅的工作」，並且也不十分容易做。

　　——《集外集拾遺補編‧作「雜文」也不易》

藝術上的真倘必如實物之真，

則人物只有二三寸，就不真了；

而沒有和地球一樣大小的紙張，地球便無法繪畫。

　　——《且介亭雜文‧連環圖畫瑣談》

不過選材要嚴，開掘要深，
不可將一點瑣屑的沒有意思的事故，
便填成一篇，以創作豐富字樂。
　　——《二心集・關於小說題材的通信》

我們需要的，
不是作品後面添上去的口號和矯作的尾巴，
而是那全部作品中的真實生活，生龍活虎的戰鬥，
跳動著的脈搏、思想和熱情等等。
　　——《且介亭雜文末編・論現在我們的文學運動》

內容和形式不能機械地分開，
也已經是常識。
還有，知道作品和大眾不能機械地分開，
也當然是常識。
　　——《且介亭雜文・論舊形式的採用》

油滑是創作的大敵……
　　——《故事新編·序言》

技巧修養是最大的問題，
這是不錯的現在許多青年藝術家，往往忽略這一點，
所以他的作品表現不出所要表現的內容來。
正如作文的人，因為不能修辭，於是也就不能達意。
但是，如果內容充實，不與技巧並進，
是很容易陷入突然玩弄技巧的深坑裏去的。
　　——《魯迅書信集》

只要內容相同，
方法不妨各異，
而依傍和模仿，
絕不能產生真藝術。
　　——《且介亭雜文末編·記蘇聯版畫展覽會》

作者寫出創作來，
對於其中的事情，
雖然不必親歷過，
最好是經歷過……
我所謂經歷，是所遇、所見、所聞，
並不一定是所作，
但所作自然也可以包含在裡面。
天才們無論怎樣說大話，
歸根結蒂還是不能憑空創造。
描神畫鬼，毫無對證，
本可以專靠了神思，
所謂「天馬行空」似的揮寫了，
然而他們寫出來的，
也不過是三隻眼、長頸子，
就是在常見的人體上，
增加了眼睛一隻，
增長了頸子二、三尺而已。
──《葉紫作〈豐收〉序》

專看文學書，也不好的。
先前的文學青年，
往往厭惡數學、理化、史地、生物學，
以為這些都無足輕重，
後來變成連常識也沒有，
研究文學固然不明白，
自己做起文章也糊塗，
所以我希望你們不要放開科學，一味鑽在文學裡。
——《魯迅書信集》

我以為文藝大概由於現在生活的感受，
親身所感到的，便影印到文藝中去。
——《文藝與政治的歧途》

一、留心各樣的事情，多看看，不看到一點就寫。
二、寫不出的時候，不硬寫。
——《答北斗雜誌社問》

藝術的真實非即歷史上的真實，
我們是聽到過的，
因為後者須有其事，
而創作可以綴合、抒寫，只要逼真，
不必實有其事也。然而他所據以？
掇合、抒寫者，何一非社會上的存在，
從這些目前的人、事，加以推斷，
使之發展下去，這便好像預言，
因為後來此人、此事，確也正如所寫。
——《書信》

小說也如繪畫一樣，有模特兒。
我從來不用某一整個，
但一肢一節，總不免和某一個相似。
倘使無一和活人似處，即非具象化了的作品……
——《魯迅書信集》

所寫的事蹟，
大抵有一點見過或聽到過的緣由，
但絕不全用這事實，
只是採取一端，加以改造，或生發開去，
到足以幾乎完全發表我的意思為止。
人物模特兒也一樣，
沒有專用過一個人，
往往嘴在浙江，臉在北京，衣服在山西，
是一個拼湊起來的角色。
　　──《我怎麼作起小說來》

「白描」卻並沒有祕訣。
如果要說有，也不過是和障眼法反一調：
有真意，去粉飾，少做作，勿賣弄而已。
　　──《作文秘訣》

作家的取人為模特兒，有兩法。

一是專用一個人，言談舉動，不必說了，

連微細的癖性、衣服的式樣，也不加改變⋯⋯

這比較的易於描寫。

二是雜取種種人，合成一個，

從和作者相關的人們裡去找，

是不能發現切合的了⋯⋯

這方法也和中國人的習慣相合，

例如，畫家的畫人物，

也是靜觀默察，爛熟於心，

然後凝神結想，一揮而就，

向來不用一個單獨的模特兒的。

──《〈出關〉的「關」》

忘記是誰說的了，

總之是，要極省儉的畫出一個人的特點，

最好是畫他的眼睛。

我以為這話是極對的，

倘若畫了全副頭髮，

即使細得逼真，也毫無意思。

──《我怎麼作起小說來》

一個作者，

用了精煉的，或者簡直有些誇張的筆墨

（但自然也必須是藝術地）

寫出或一群人的或一面的真實來，

這被寫的一群人，就稱這作品為「諷刺」。

「諷刺」的生命是真實，

不必是曾有的實事，但必須是會有的實情。

所以它不是「捏造」，

也不是「誣衊」，既不是「揭發陰私」，

又不是專記駭人聽聞的所謂「奇聞」或「怪現狀」。

它所寫的事情是公然的，也是常見的，

平時是誰都不以為奇的，

而且自然是誰都毫不注意的。

不過這事情在那時卻已經是不合理的，

可笑，可鄙，甚而至於可惡。

但這麼行下來了，習慣了，

雖在大庭廣眾之間，誰也不覺得奇怪，

現在給它特別一提，就動人。

——《什麼是「諷刺」？》

我力避行文的嘮叨，
只要覺得夠將意思傳給別人了，
就寧可什麼陪襯拖帶也沒有。
中國舊戲上，沒有背景，
新年賣給孩子看的花紙上，
只有主要的幾個人（但現在的花紙卻多有背景了）。
我深信對於我的目的，
這方法是適宜的，
所以我不去描寫風月，
對話也絕不說到一大篇。
——《我怎麼作起小說來》

有意的偏要提出這等事，
而且加以精煉，甚至於誇張，
確切是「諷刺」的本領。
同一事件，在拉雜的非藝術的紀錄中，
是不成為諷刺，誰也不大受感動的。
——《什麼是「諷刺」？》

諷刺作者雖然大抵為被諷刺者所憎恨，
但他卻常常是善意的，
他的諷刺在希望他們改善，
並非要捺這一群到水底裏……
如果貌似諷刺的作品，
而毫無善意，也毫無熱情，
只使讀者覺得一切世事，
一無足取，也一無可為，
那就並非諷刺了，這便是所謂「冷嘲」。
——《什麼是「諷刺」？》

以文字論，就不必更在舊書裡討生活，
卻將活人的唇舌作為源泉，
使文章更加接近語言，更加有生氣。
至於對於現在人民的語言的窮乏欠缺，
如何救濟，使他豐富起來，
那也是一個很大的問題，
或者也須在舊文中取得若干資料，以供使役……
——《寫在「墳」後面》

寫完後至少看兩遍，

竭力將可有可無的字、句、段刪去，毫不可惜。

寧可將可作小說的材料縮成sketch（草稿），

絕不將sketch材料拉成小說。

　　——《答北斗雜誌社問》

我做完之後，總要看兩遍，

自己覺得拗口的，就增刪幾個字，

一定要它讀得順口；

沒有相宜的白話，寧可引古語，

希望總有人會懂。

只有自己懂得或連自己也不懂的生造出來的字句，

是不大用的。

　　——《我怎麼作起小說來》

可省的處所，我絕不硬添，

作不出的時候，我也絕不硬作……

　　——《我怎麼作起小說來》

先前那樣十步九回頭的作文法，是很不對的，

這就是在不斷的不相信自己，

結果一定作不成。

以後應該立定格局之後，

一直寫下去，不管修辭，也不要回頭看。

等到成後，擱它幾天，

然後再來複看，刪去若干，改換幾字。

——《魯迅書信集》

凡是已有定評的大作家，

他的作品全部就說明著「應該怎樣寫」。

只是讀者很不容易看出，也就不能領悟，

因為在學習者一方面，

是必須知道了「不應該那麼寫」，

這才會明白原來「應該這麼寫」的。

——《不應該那麼寫》

不能真切、深刻，也就不成為藝術。

——《魯迅書信集》

在巍峨燦爛的巨大的紀念碑底的文學之旁，

短篇小說也依然有著存在的充足的權利。

不但句細高低，相依為命，

也譬如深入大伽藍（指佛寺）中，

但見全體非常宏麗，眩人眼睛，令觀者心神飛越，

而細看一雕闌一畫礎，

雖然細小，所得卻更為分明，

再以此推及全體，感受遂愈加切實，

因此那些終於為人所注重了。

在現在的環境中，人的忙於生活，無暇來看長篇，

自然也是短篇小說的繁生的很大原因之一。

只頃刻之間，

而仍可借一斑略知全豹，以一目盡傳精神；

用數頃刻，

遂知種種作風、種種作者、種種所寫的人和物和事狀，

所得也頗不少的。

而便捷、易成、取巧…這些原因還在外。

——《近代世界短篇小說集・小引》

悲劇將人生的有價值的東西毀滅給人看，
喜劇將那些無價值的撕破給人看。
譏諷又不過是喜劇的變簡的一支流。
——《再論雷峰塔的倒掉》

我有一個私見，
以為劇本雖有放在書桌上的和演在舞臺上的兩種，
但究以後一種為好。
詩歌雖然有眼看和嘴唱的兩種，
也究以後一種為好；
可惜中國的新詩大概是前一種，
沒有節調，沒有韻，它唱不來；
唱不來，就記不住，記不住，
就不能在人們的腦子裏將舊詩擠出，
佔了它的地位。
——《魯迅書信集》

我以為內容且不說，
新詩先要有節調，
押大致相近的韻，
給大家容易記，
又順口，唱得出來。
但白話要押韻而又自然，
是頗不容易的。
——《魯迅書信集》

詩須有形式，
要易記，易懂，動聽，
但格式不要太嚴。
要有韻，但不必依詩韻，
只要在順口就好。
——《魯迅書信集》

我的雜文，所寫的常是一鼻、一嘴、一毛，
但合起來，已幾乎是成一形象的全體，
不加什麼原也過得去的了。
——《准風月談・後記》

但是雜文這種東西，
我卻恐怕要侵入高尚的文學樓台去的。
小說和戲曲，中國向向來是看作邪宗的，
但一經西洋的「文學概論」引為正宗，
我們也奉之為寶貝。
《紅樓夢》《西廂記》之類，
在文學史上竟和《詩經》《離騷》並列了；
雜文中之一體的隨筆，
因為有人說它近於英國的Essay（隨筆、漫談、小品文），
有些人也就頓首再拜，不敢輕薄。
寓言和演說，好像是卑微的東西，
但伊索和契開羅（西塞羅），
不是坐在希臘、羅馬文學史上嗎？
雜文發展起來，倘不趕緊削，
大約也未必沒有擾亂文苑的危險。
——《徐懋庸作〈打雜集〉序》

我也是愛讀雜文的一個人，

因為它「言之有物」。

我還更樂於雜文的開展，日見其斑斕。

第一是使中國的著作界熱鬧、活潑；

第二是使不是東西之流縮頭；

第三是使所謂「為藝術而藝術」的作品，

在相形之下，立刻顯出不死不活相。

——《徐懋庸作〈打雜集〉序》

文藝上和實踐上的寶玉，

其中隨在皆是，

不但泰茄的景色、夜襲的情形，

非身歷者不能描寫，

及開槍和調馬之術，

也都是得於實際的經驗，

絕非紀想的文人所著筆的。

——《毀滅・後記》

漫畫的第一件緊要事是誠實，
要確切的顯示事件或人物的姿態，也就是精神。
漫畫要使人一目了然，
所以那最普通的方法是「誇張」，但又不事胡鬧……
——《漫談「漫畫」》

現在社會上的流行連環圖畫，
即因為它有流行的可能，
且有流行的必要，著眼於此，因而加以導引，
正是前進的藝術家的正確的任務，
為了大眾，為了求易懂，
也正是前進的藝術家正確的努力。
——《我們要批評家》

現在的世界，環境不同，
藝術上也必須有地方色彩，
庶不至於千篇一律。
——《魯迅書信集》

「連環圖畫」確能於大眾有益，
但首先要看是怎樣的圖畫，
也就是先看定這畫是給那一種人看得，
而構圖、刻法，因而不同。
現在的木刻，還是對於智識者而作的居多，
所以倘用這刻法於「連環圖畫」，
一般民眾還是看不懂。
——《魯迅書信集》

現在文學也一樣，有地方色彩的，
倒容易成為世界的，即為別國所注意。
打出世界上去，即於中國之活動有利。
——《魯迅書信集》

現在只要有人做一點事，
總就另有人拿大道理來非難。
——《魯迅書信集》

其實，口號是口號，詩是詩，
如果用進去還是好詩，
用亦可，倘是壞詩，
即和用不用都無關。
譬如文學與宣傳，
原不過說凡有文學，都是宣傳，
因為其中總不免傳佈著什麼，
但後來卻有人解為文學必須故意做成宣傳文字的樣子了。
詩必用口號，其誤正等。
——《魯迅書信集》

關於少年讀物，誠然是一個大問題，
偶然看到一點印出來的東西，
內容和文章都沒有生氣。
受了這樣的教育，少年的前途可想。
——《魯迅書信集》

一面儘量的輸入，一面儘量的消化、吸收，
可用的傳下去了，渣滓就聽它剩落在過去裡。
——《關於翻譯的通訊》

舊形式的採取，
並非斷片的古董的雜陳，
必須溶化於新作品中，
那是不必贅說的事，
恰如吃用牛羊，棄去蹄毛，留其精粹，
以滋養及發達新的生體……
——《論「舊形式的採用」》

現在是多麼迫切的時候，作者的任務，
是在對於有害的事物，
立刻給以反響或抗爭，
是感應的神經，是攻守的手足。
潛心於他的鴻篇巨制，
為未來的文化設想，固然是很好的，
但為現在抗爭，
卻也正是為現在和未來戰鬥的作者，
因為失掉了現在，也就沒有了未來。
——《且介亭雜文・序言》

故美術者，有三要素：
一曰天物，二曰思想，三曰美化。
緣美術必有此三要素，故與他物之界域極嚴。
　　──《擬播布美術意見書》

如要創作，第一需觀察，第二是要看別人的作品，
但不可專看一個人的作品，以防被他束縛住，
必須博採眾家，取其所長，這才後來能夠獨立。
我所取法的，大抵是外國的作家。
　　──《魯迅書信集》

文學與社會之關係，
先是它敏感的描寫社會，
倘有力，便又一轉而影響社會，使有變革。
這正如芝麻油原從芝麻打出來，
取以浸芝麻就使它更油一樣。
　　──《魯迅書信集》

關在房子裏，
最容易高談徹底的主義，
然而也是最容易「右傾」。
——《二心集・對於左翼作家聯盟的意見》

「文學家」倘不用事實來證明他已經改變了他的誇大、
裝腔、撒謊……的老脾氣，
則即使對天立誓，說是從此要十分正經，
否則天誅地滅，也還是徒勞的。
——《偽自由書・文學上的折扣》

文學家的話，其實還是社會的話，
他不過感覺靈敏，
早感到早說出來……
——《集文集・文藝與政治的歧途》

以為藝術是藝術家的「靈感」爆發，
像鼻子發癢的人只要打出噴嚏來就渾身舒服、
一了百了的時候已經過去了……
——《且介亭雜文‧論「舊形式的採用」》

天才們無論怎麼說大話，
歸根結蒂，還是不能憑空創造。
——《且介亭雜文二集‧葉紫作〈豐收〉序》

即使是從前的人，
那詩文完全超於政治的所謂「田園詩人」、
「山林詩人」，是沒有的。
完全超出於人世間的，也是沒有的。
既然是超出於世，
則當然連詩文也沒有。
詩文也是人事，既有詩，
就有以知道於世事未能忘情。
——《而已集‧魏晉風度及文章與藥及酒之關係》

青年、其它

願中國青年都能擺脫冷氣，
只是向上走，不必聽自暴自棄者流的話。
能做事的做事，能發聲的發聲，
有一分熱，發一分光……
──《隨感錄〈四十一〉》

我願中國青年都只是向上走，
不必理會這冷笑和暗箭……
縱令不過一窪淺水，也可以學學大海，
橫豎都是水，可以相通。
幾粒石子，任他們暗地裏擲來；
幾滴穢水，任他們從背後潑來就是了。
──《隨感錄〈四十一〉》

你們所多的是生力，
遇見深林，可以闢成平地的；
遇見曠野，可以栽種樹木的；
遇見沙漠，可以開掘井泉的。
──《導師》

在青年，須是有不平而不悲觀，常抗戰而亦自己。
倘荊棘非踐不可，固然不得不踐，
但若無須必踐，即不必隨便去踐。
這就是我之所以主張「壕塹戰」的原因，
其實也無非想多留下幾個戰士，以得更多的戰績。
——《兩地書〈四〉》

對於只想以筆墨問世的青年，
我現在卻敢據幾年的經驗，
以誠懇的心，進一個苦口的忠告，
那就是——不斷的《！》努力一些，
切勿想以一年半載，
幾篇文字和幾本期刊，
便立了空前絕後的大勛業。
——《魯迅譯著書目》

幼稚是會生長的、會成熟的，
只不要衰老、腐敗就好。
——《三閒集·無聲的中國》

倘若一定要問我青年應當向怎樣的目標，

那麼我只可以說出我為別人設計的話，那就是：

一要生存，二要溫飽，三要發展。

有敢來阻礙這三事者，

無論是誰，我們都反抗他、撲滅他！

可是還得附加幾句話以免誤解，就是：

我之所謂生存，並不是苟活；

所謂溫飽，並不是奢侈；

所謂發展，也不是放縱。

　　——《華蓋集·北京通信》

但我們也就都像古人一樣，

永久滿足於「古已有之」的時代嗎？

都像復古家一樣，不滿於現在，

就神往於三百年前的太平盛世嗎？

自然，也不滿於現在的，但是無須反顧，

因為前面還有道路在。

而創造這中國歷史上未曾有過的第三樣時代，

則是現在青年的使命！

　　——《墳·燈下漫筆》

青年二字，是不能包括一類人的，

好的有，壞的也有。

但我覺得雖是青年，

稚氣和不安定的並不多，

我所遇見的倒十之七八是少年老成的，城府也深，

我大抵不和這種人來往。

　　——《致蕭軍、蕭紅》

我們從古以來，

就有埋頭苦幹的人或拼命硬幹的人，

有為民請命的人，有捨身求法的人……

雖是等於為帝王將相作家譜的所謂「正史」，

也往往掩不住他們的光耀，

這就是中國的脊樑。

…………要論中國人，

必須不被擦在表面的自欺欺人的脂粉所誆騙，

卻看看他的筋骨和脊樑。

自信力的無有，

狀元宰相的文章是不足為據的，

要自己去看地底下。

　　——《中國人失掉自信力了嗎？》

弄文學的人，

只要一堅忍，二認真，三韌長就可以了，

不必因為有人改變，就悲觀的。

　　──《致胡今虛》

文學的修養，

絕不能使人變成木石，

所以文人還是人，

既然還是人，

他心裏就仍然有是非，有愛憎；

但又因為是文人，

他的是非就越分明，愛憎就愈熱烈。

從聖賢一直敬到騙子、屠夫，

從美人香草一直愛到麻瘋病菌的文人，

在這世界上是找不到的，

遇見所是和所愛的，他就擁抱，

遇見所非和所憎的，他就反駁。

　　──《且介亭雜文二集・再論「文人相輕」》

惟有民魂是值得寶貴的，
惟有它發揚起來，
中國才有真進步。
——《學界的三魂》

文明和野蠻人的分別，
其一是文明人有文字，
能夠把他們的思想、感情借此傳給大家，傳給將來。
——《三閒集·無聲的中國》

鄉間一向有一個笑談：
兩位近視眼要比眼力，無可質證，
便約定到天帝廟去看這一天新掛的扁額。
他們都先從漆匠探得字句，
但因為探來的詳略不同，
只知道大字的那一個便不服了，爭執起來了，
說看見小字的人就是說謊的。
又無可質證，只好一同探問一個過路的人。
那人望了一眼，回答道：
「什麼也沒有，扁還沒有掛呢！」
——《三閒集·扁》

假使我的血肉該餵動物，

我情願餵獅虎鷹隼，

卻一點也不給癩皮狗們吃。

養肥了獅虎鷹隼，

它們在天空、岩角、大漠、叢莽裏是偉美的壯觀，

捕來放在動物園裏，打死製成標本，

也令人看了神旺，消去鄙吝的心。

但養胖一群癩皮狗，只會亂鑽，亂叫，可多麼討厭！

　　——《且介亭雜文末編・半夏小集》

做夢，是自由的，

說夢，就不自由。

做夢，是做真夢的，

說夢，就難免說謊。

　　——《南腔北調集・聽說夢》

必須更有真切的批評，

這才有真的新文藝和新批評的產生的希望。

　　——《文藝與批評・譯者附記》

蘋果一爛，比別的水果更不好吃，

但是也有人買的，

不過我們另外還有一種相反的脾氣：

首飾要「足赤」，人物要「完人」。

一有缺點，有時就全部都不要了……

好的又不出來，怎麼辦呢？

我想，還是請批評家用吃爛蘋果的方法，來救一救急罷。

我們先前的批評法，

是說這蘋果有爛疤了，要不得，一下子拋掉。

然而買者的金錢有限，

豈不是大冤枉……此後似乎最好還是添幾句，

倘不是穿心爛，就說：「這蘋果有著爛疤了，然而這幾處

沒有爛，還是可以吃得。」

這麼一辦，譯品的好壞是明白了，

而讀者的損失也可以小一點。

…………

所以，我又希望刻苦的批評家來做剝爛蘋果的工作，

這正如「拾荒」一樣，是很辛苦的，

但也必要，而且大家有益的。

——《關於翻譯〈下〉》

文藝在出品的雜亂和旁觀者的冷笑中，

是極容易凋謝的，

所以現在首先需要的，

也還是幾個堅實的、明白的、真懂得社會科學

及其文藝理論的批評家。

　　——《我們要批評家》

但是，

我們曾經在文藝批評史上見過沒有一定圈子的批評家嗎？

都有的，或者是美的圈，

或者是真實的圈，或者是前進的圈。

沒有一定的圈子的批評家，那才是怪漢子呢！

我們不能責備他有圈子，

我們只能批評他這圈子對不對……

　　——《批評家的批評家》

不是舉之上天，就是按之入地，
倘將這些放在眼裏，
就要自命不凡，
或覺得非自殺不足以謝天下的。
批評必須壞處說壞，
好處說好，才於作者有益。
——《我怎麼作起小說來》

以史底惟物論批評文藝的書，
我也曾看了一點，
以為那是極直捷爽快的，
有許多曖昧難解的問題，都可以說明。
——《魯迅書信集》

舊詩句釋

我有一言應記取，
文章得失不由人。
——《集外集拾遺補編‧附錄二》

好向濂溪稱淨植①，

莫隨殘葉墮寒塘！

> ①濂溪：周敦頤（一〇一七～一〇七三）的別號，定茂叔，湖南道縣人，主要著作有《太極圖說》、《通書》和《周元公集》，被朱熹奉為理學的開山祖。家住營道濂溪，後又住在廬山蓮花峯前，峯下有溪，他命名為「濂溪」，故稱他為濂溪先生，在哲學上宣揚客觀唯心主義，在政治上宣揚封建統治是先驗的、永恆的。

——《集外集拾遺補編・附錄二》

夢魂常向故鄉馳，始信人間苦別離。

夜半倚床憶諸弟，殘燈如豆月明起。

——《別諸弟三首》

天於絕代偏多妒①，

時至將離倍有情②。

> ①絕代：世所少見的美女，杜甫詩《佳人》：「絕代有佳人。」此處用美女來喻牡丹花。
> ②將離：芍藥的別名。《古今註》：「牛亨問曰：『將離相別，贈以芍藥，何也？』答曰：『芍藥一名可離，故相別以為贈。』」

——《集外集拾遺補編》

寄意寒星荃不察①，

我以我血薦軒轅②。

　　①寄意：付託心意。寒星：戰國宋玉《九辯》：「願寄言夫
　　　流星兮。」王逸註：「欲拖忠策於賢良也。」作者把「流
　　　星」轉化為「寒星」。荃不察：屈原《離騷》：「荃，香
　　　草，喻君也。人群被服芳香，故以香草為喻。」指人民。

　　②薦：獻。軒轅：即皇帝。《史記·五帝本紀》：「黃帝
　　　者，少典之子，姓公孫，名軒轅。」《史記》從黃帝開始
　　　記載中國歷史。作者用軒轅來指祖國。

——《魯迅詩稿》

故人去散盡①，

我亦等輕塵②！

　　①故人：老朋友。李白《黃鶴樓送孟浩然之廣陵》：「故人
　　　西辭黃鶴樓。」

　　②輕塵：説生命輕賤，微不足道。

——《魯迅詩稿》

煮豆燃豆箕①，萁在釜中泣②，

我燼③你熟了，正好辦教席！

　　①萁：豆莖。

　　②釜：古代的一種鍋。

　　③燼：火燒剩下的灰，如稱灰燼。

——《華蓋集》

忍看朋輩成新鬼①，

怒向刀叢②覓小詩。

　　①忍看：豈忍看的省文，即不忍看。朋輩：指無產階級革命
　　　家、共產黨員，以及作家柔石、李偉森、胡也頻、馮鏗
　　　（女）五位。

　　②刀叢：比喻國民黨的「圍剿」所造成的白色恐怖。覓：尋
　　　找。

──《南腔北調集》

所思美人不可見①，

憶歸江天發浩歌②。

　　①美人：屈原《九歌・少司命》：「望美人兮未來，臨風怳
　　　兮浩歌。」美人，指理想中的人物，這裏指革命烈士。怳
　　　與「恍」字同。

　　②浩歌：悲壯有力的歌聲。

──《華外集》

無題

血沃中原肥勁草①，寒凝大地發春華②。

英雄多故謀夫病③，淚灑崇陵噪暮鴉④。

①沃：浸灌。中原：指黃河流域的河北、河南一帶，此處泛
指中國國土。勁草：勁，《後漢書·王霸傳》：「疾風如
勁草。」這裏是稱頌在艱難險阻的白色恐怖下，不屈不
撓、堅持鬥爭的力量。

②凝：凍結。華：同「花」。

③英雄、謀夫：指國民黨為法西斯份子。英雄，在這裏是反
意詞，暗指蔣介石。謀夫指政客汪精衛、胡漢民等人。多
故：多事，指國民黨永不休止的鬥爭。

④崇陵：高大的墳墓，指南京中山陵。噪：許多蟲鳥亂叫的
聲音，這裏暗指國民黨內部派系的狂爭大吵、互辱互罵。

——《集外集》

所恨芳林寥落甚①，

春蘭秋菊②不同時。

①寥落：稀疏、零落。

②春蘭秋菊：蘭花、菊花都是高傑香花，在屈原的辭中，多
用來比喻道德品質高尚的人。如《九歌·禮魂》：「春蘭
秋菊，長無絕兮終古。」魯迅用蘭，菊比喻有高尚情操的
革命文藝工作者。

——《魯迅日記》

橫眉冷對千夫指①，

俯首甘為孺子牛②。

　　①橫眉冷對：橫眉厲目，冷眼相待。

　　②千夫指：此處用以代稱蔣介石及一切共產黨的敵人，因為
　　　當時國民黨「圍剿」魯迅。孺子牛：魯迅把這一陳腐的典
　　　故，賦予了新的思想境界。

——《集外集》

忽憶情親焦土下①，

佯看羅襪掩啼痕②。

　　①焦土：杜牧《阿房宮賦》：「楚人一炬，可憐焦土。」稱
　　　被烈火燒焦的土地為焦土，指建築物遭炸毀而成廢墟。

　　②佯：假裝。

——《魯迅日記》

無情未必真豪傑，

憐子何如不丈夫①。

　　①憐：愛。見《戰國策・趙策》記載觸龍要求趙太后給他的
　　　小兒子一個王公衛生士職務，趙太后奇怪地問：「丈夫亦
　　　愛憐其少子乎？」對曰：「甚於婦人。」丈夫是說男子
　　　漢，此處借用此典，加以發揮。

——《集外集》

何期淚灑江南雨①，

又為斯民哭健兒②。

　　①何期：哪裏想得到。江南雨：一九三三年六月二十日下
　　　午，魯迅去萬國殯儀館為楊銓送殯時，正逢下雨。「淚灑
　　　江南雨」，極言悲痛之深。

　　②斯民：斯作此，當這講。斯民，這人民。健兒：「軍
　　　卒」，即軍隊裏矯健的士兵，也作壯士講。

──《集外集》

度盡劫波兄弟在①，

相見一笑泯恩仇②。

　　①劫波：佛家用語。原指人世間的風、水、火災循環來臨，
　　　此處指日本帝國主義發動戰爭，給兩國人民帶來的災難。

　　②泯恩仇：泯，消去。恩仇，此處指怨仇。

──《集外集》

心事浩茫連廣宇①，

於無聲處聽驚雷②。

　　①浩茫：遼闊、無邊。廣宇：寬廣的原野。

　　②無聲處：極度沉默靜肅的地方。聽驚雷：霹靂一聲，預示
　　　暴風驟雨即將來臨。

──《集外集拾遺》

PART 2

魯迅詩集

別諸弟三首
——庚子二月

謀生無奈日奔馳，有弟偏教各別離。

最是令人凄絕處，孤檠長夜與來時。

還家未久又離家，日暮新愁分外加。

夾道萬株楊柳樹，望中都化斷腸花。

從來一別又經年，萬里長風送客船。

我有一言應記取：文章得失不由天。

- 《周作人日記》庚子三月十五日（一九〇〇年四月十四日）：「接金陵十八日函，並洋四元、詩三首，繫托同學帶歸也。作覆函，詩列於左。」即此詩，提下署：「豫才未是草。」
- 《周作人日記》辛丑正月廿五日（一九〇一年三月十五日）：「晴。上午大哥收拾行李，傍晚同十八公、子恒叔啟行往秣。余送大哥至舟，執手言別，中心黯然，作一詞以送其行，稿存後。夜作七絕三首，擬二月中寄寧，稿亦列如左。」

蓮蓬人

芰裳荇帶處仙鄉，風定猶聞碧玉香。
鷺影不來愁瑟瑟，葦花伴宿露瀼瀼。

掃除膩粉呈風骨，褪卻紅衣學淡妝。
好像濂溪稱淨植，莫隨殘葉墮寒塘。

菩薩蠻
——送夏劍生往秣集句
風力漸添帆力健，〈陸遊〉
蕭條落葉垂楊岸。〈李紳〉
人影夕陽中，〈高翥〉
遙山帶日紅。〈唐太宗〉

齊心同所願，〈古詩十九首〉
努力加餐飯。〈岑參〉
橋上送君行，〈張籍〉
綠波舟楫輕。〈鄭獬〉

- 按：「齊心同所願」、「努力加餐飯」見於——《古詩
  十九首》之四、之一。

送戞劍生往白
—— 步《別諸弟三首》原韻

一片征帆逐雁馳，江岸煙樹已離離。
蒼茫獨立增惆恨，卻憶聯床話雨時。

小橋楊柳野人家，酒入愁腸恨轉加。
芍藥不知離別苦，當階猶自發春花。
　　—— 「小橋楊柳野人家」曾改為「時因遭悶過鄰家」。

家食於今又一年，羨人破浪泛樓船。
自慚魚鹿終無就，欲擬靈均問昊天。

惜花四律
—— 步藏春園主人原韻

鳥啼鈴語夢常縈，閒立花陰盼嫩晴。
怵目飛紅隨蝶舞，關心茸碧繞階生。
天於絕代偏多妒，時至將離倍有情。
最是令人愁不解，四簷疏雨送秋聲。

劇憐常逐柳棉飄，金屋何時貯阿嬌？
微雨欲來勤插棘，熏風有意不鳴條。
莫教夕照催長笛，且踏春陽過板橋。
只恐新秋歸塞雁，蘭艭載酒槳輕搖。

細雨輕寒二月時，不緣紅豆始相思。

墮茵印屐增惆悵，插竹編籬好護持。

慰我素心香襲袖，撩人藍尾酒盈卮。

奈何無賴春風至，深院荼蘼已滿枝。

繁英繞甸竟呈妍，葉底閑看蛺蝶眠。

室外獨留滋卉地，年來幸得養花天。

文禽共惜春將去，秀野忻逢紅欲然。

戲仿唐宮護佳種，金鈴輕縮赤闌邊。

- 《周作人日記》辛丑錄存此詩，註稱：「都六先生原本，
  戛劍生刪改，圈點悉遵戛劍生改本。」按都六先生係周作
  人自稱，可知此四律原系周作人所作而經魯迅刪定者。刪
  改情況，周作人註云：「第一首，第一句原本，第二聯原
  本，『茸碧』原作『新綠』，第末聯原本『不解』原作
  『絕處』，結句成語。第二首，首句原本，第二聯原
  本。」第三、第四兩首未註明何句為周作人原本，當係八
  句皆刪改者。

【附】湘州藏春園主人原唱四首

夜來風雨苦相縈，早起欣看畫閣晴。

軟白輕黃無限思，嫣紅柔綠可憐生。

淺生秀媚如含恨，濃淡豐姿若有情。

鸚鵡簾前能解事，呼僮灌溉報聲聲。

東皇醞釀半開時，彳亍行來有所思。
清影月移猶愛護，修芽風動費扶持。
參天壅漢窺雲壑，大地陽春泛酒卮。
囑咐小鬟須著意，莫教偷折最新枝。

枝頭簇簇暗香飄，小雨如酥分外嬌。
休使狂蜂傷嫩蕊，不教浪蝶繞柔條。
青埃碧漢三千界，綠意紅情廿四橋。
願祝十分春永駐，封姨珍重莫輕搖。

千紅萬紫各爭妍，好鳥瞞人葉底眠。
精衛亦難填恨海，媧皇不肯補情天。
金鈴深護贏憔悴，玉樹微歌自適然。
三十六宮春日麗，滿城風雨艷無邊。

別諸弟三首
——辛丑二月並跋

夢魂常向故鄉馳，始信人間苦別離。
夜半倚床憶諸弟，殘燈如豆月明時。

日暮舟停老圃家，棘籬繞屋樹交加。
悵然回憶家鄉樂，抱甕何時共養花。

春風容易送韶年，一棹煙波夜駛船。

何事脊令偏傲我，時隨帆頂過長天。

> 〈仲弟次予去春留別原韻三章，即以送別，並索和。予每
> 把筆，輒黯然而止。越十餘日，客窗偶暇，潦草成句，即
> 郵寄之。嗟乎！登樓隕涕，英雄未必忘家；執手消魂，兄
> 弟竟居異地！深秋明月，照遊子而更明；寒夜怨笳，遇羈
> 人而增怨。此情此景，蓋未有不悄然以悲者矣。〉

● 《周作人日記》辛丑二月廿四日（一九〇一年四月十二
　日）：「上午接大哥十四函並詩三首……」即此詩。

哀范君三章

風雨飄搖日，余懷范愛農。

華顛萎寥落，白眼看雞蟲。

世味秋荼苦，人間直道窮。

奈何三月別，竟爾失畸躬。

海草國門碧，多年老異鄉。

狐狸方去穴，桃偶盡登場。

故里彤雲惡，炎天凜夜長。

獨沈清洌水，能否滌愁腸。

把酒論當世，先生小酒人。

大圜猶酩酊，微醉自沈淪。

此別成終古，從茲絕緒言。

故人雲散盡，我亦等輕塵。

〈我於愛農之死為之不怡累日，至今未能釋然。昨忽成詩三章，隨手寫之，而忽將雞蟲做入，真是奇絕妙絕。霹靂一聲，遂死豸之大狼狽矣。今錄上，希大鑒定家鑒定，如不惡，乃可登諸《民興》也。天下雖未必仰望已久，然我亦豈能已於言乎！二十五日樹又言。〉

● 《魯迅日記》一九一二年七月十九日：「晨得二弟信，十二日紹興發，云范愛農以十日水死。悲夫悲夫，君子無終，越之不幸也，於是何幾仲輩為群大蠹。」又同月二十二日：「夜作均言三章，哀范君也，錄存於此。」案日記所錄文字與此小有異同，「遽爾」日記作「竟爾」，「盡登場」作「已登場」，「彤雲」作「寒雲」，「清冽」作「清冷」，「洗」作「滌」，「酩酊」作「茗芋」。

● 《朝花夕拾・范愛農》「忽然從同鄉那裡得到一個消息，說他已經掉在水裡，淹死了。我疑心他是自殺。因為他是浮水的好手，不容易淹死的。夜間獨坐在會館裡，十分悲涼，又疑心這消息並不確實，但無端又覺得這是極其可靠的，雖然並無證據。一點法子都沒有，只做了四首詩，後來曾在一種日報上發表，現在是將要忘記完了。只記得一首裡的六句，起首四句是：『把酒論天下，先生小酒人，大圜猶酩酊，微醉合沉淪。』中間忘掉兩句，末了是『舊朋雲散盡，餘亦等輕塵。』」

【按】當時作者未全忘者是第三首，唯「此別成終古，從茲絕諸言。」一聯不復記憶。後來另作「幽谷無窮夜，新宮自在春」一聯，補足成篇，編入《集外集》。

贈鄔其山

廿年居上海，每日見中華。
有病不求藥，無聊才讀書。

一闊臉就變，所砍頭漸多。
忽而又下野，南無阿彌陀。

悼柔石

慣於長夜過春時，挈婦將雛鬢有絲。
夢裡依稀慈母淚，城頭變幻大王旗。

忍看朋輩成新鬼，怒向刀叢覓小詩。
吟罷低眉無寫處，月光如水照緇衣。

- 《魯迅日記》一九三二年七月十一日錄存書贈山本初枝條幅，「忍看」作「眼看」，「刀叢」作「刀邊」。現存書贈許壽裳條幅，「刀叢」亦作「刀邊」。
- 許廣平《魯迅先生怎樣對待寫作和編輯工作》：「詩中首句『慣於長夜過春時』，原來『夜』字後面是『度』字。」

贈日本歌人

春江好景依然在，遠國征人此際行。

莫向遙天望歌舞，西遊演了是封神。

- 現存條幅原件題款：「辛未三月送升屋治三郎兄東歸。」「遠」作「海」，「望」作「憶」。《魯迅日記》一九三一年三月五日錄存此詩，字句悉與條幅原件相同。

送OE君攜蘭歸國

椒焚桂折佳人老，獨托幽岩展素心。

豈惜芳馨遺遠者，故鄉如醉有荊榛。

- 《魯迅日記》一九三一年二月十二日：「日本京華堂主人小原榮次郎君買蘭將東歸，為賦一絕句，書以贈之。」即此詩。
- 一九三四年十二月二十九日致楊霽雲信：「『獨記』應改『獨托』，排印誤也。」此處誤排指一九三一年八月十日《文藝新聞》第二十二號《魯迅氏的悲憤──以舊詩寄懷》中所收者。

無題

大江日夜向東流，聚義群雄又遠遊。

六代綺羅成舊夢，石頭城上月如鉤。

- 《魯迅日記》一九三一年六月十四日所錄此詩字句悉與此相同。現存書贈宮崎龍介條幅原件「群雄」作「英雄」。

無題

大野多鈎棘，長天列戰雲。
幾家春裊裊，萬籟靜愔愔。

下土惟秦醉，中流輟越吟。
風波一浩蕩，花樹已蕭森。

- 現存書贈內山松藻條幅原件字句與此悉同。──《魯迅日記》一九三一年三月五日錄存此詩，字句亦與此相同。
- 現存一九三一年十一月廿四日書贈君瑄女士條幅，「已」作「乃」。

湘靈歌

昔聞湘水碧如染，今聞湘水胭脂痕。
湘靈妝成照湘水，皎如皓月窺彤雲。

高丘寂寞竦中夜，芳荃零落無餘春。
鼓完瑤瑟人不聞，太平成象盈秋門。

- 《魯迅日記》一九三一年三月五日所錄此詩，字句與書贈松本三郎條幅原件悉同。「碧如染」作「碧於染」，「皎如皓月」作「皓如素月」，「零落」作「苓落」。

無題

雨花臺邊埋斷戟，莫愁湖裡餘微波。

所思美人不可見，歸憶江天發浩歌。

- 《魯迅日記》一九三一年六月十四日所錄此詩字句悉與此相同。現存書贈白蓮女士條幅原件「不可見」作「查不見」。

送增田涉君歸國

扶桑正是秋光好，楓葉如丹照嫩寒。

卻折垂楊送歸客，心隨東棹憶華年。

- 《魯迅日記》一九三一年十一月二日所錄此詩與現存條幅原件字句均同。

答客誚

無情未必真豪傑，憐子如何不丈夫。

知否興風狂嘯者，回眸時看小於菟。

- 《魯迅日記》一九三二年十二月三十一日錄存書贈郁達夫條幅（原件現存），字句與此悉同。現存書贈坪井芳治條幅字句亦同此，題款作「未年之冬戲作」，未年，指辛未，即一九三一年。現存另一手迹無題款，惟詩末書「右一首，答客誚。」後兩句原寫「知否乘風吟嘯者，回眸時顧小於菟。」後將「乘」「吟」「顧」三字圖改成「興」「狂」「看」三字。

無題

血沃中原肥勁草，寒凝大地發春華。

英雄多故謀夫病，淚灑崇陵噪暮鴉。

- 《魯迅日記》一九三一年一月二十三日：「午後為高良夫人寫一小幅。」並錄存此詩。原件現存。

偶成

文章如土欲何之，翹首東雲惹夢思。

所恨芳林寥落甚，春蘭秋菊不同時。

- 《魯迅日記》一九三一年三月三十一日：「又為沈泉松書一幅。」並錄存此詩，原件現存。

贈蓬子

驀地飛仙降碧空，雲車雙輛絜靈童。

可憐蓬子非天子，逃去逃來吸北風。

- 《魯迅日記》一九三二年三月三十一日：「又為蓬子書一幅。」並錄存此詩。

一二八戰後作

戰雲暫斂殘春在，重炮清歌兩寂然。

我亦無詩送歸棹，但從心底祝平安。

- 《魯迅日記》一九三二年七月十一日：「午後為山本初枝書一箋。」附此詩。

自嘲

運交華蓋欲何求，未敢翻身已碰頭。

破帽遮顏過鬧市，漏船載酒泛中流。

橫眉冷對千夫指，俯首甘為孺子牛。

躲進小樓成一統，管他冬夏與春秋。

- 《魯迅日記》一九三一年十月十二日：「午後為柳亞子書一條幅。」並錄存此詩及題款：「達夫賞飯，閒人打油，偷得半聯。湊成一律。」云云。「破帽」作「舊帽」，「漏船」作「破船」。原件現存。
- 又同一年十二月二十一日：「為杉本勇乘師書一箑。」扇面原件現存，「冷對」作「冷看」。題款中云：「未年戲作。」

所聞

華燈照宴敞豪門，嬌女嚴裝侍玉樽。

忽憶情親焦土下，佯看羅襪掩啼痕。

- 《魯迅日記》一九三一年十二月三十一日：「為知人寫字五幅」，為內山美喜（即內山書店內山完照的夫人）所寫的即為此詩。原件現存。

教授雜詠四首

作法不自斃，悠然過四十。
何妨賭肥頭，抵當辯證法。

可憐織女星，化為馬郎婦。
烏鵲疑不來，迢迢牛奶路。

世界有文學，少女多豐臀。
雞湯代豬肉，北新遂掩門。

名人選小說，入線云有限。
雖有望遠鏡，無奈近視眼。

- ● 《魯迅日記》一九三一年十二月二十九日：「午後為夢禪及白頻寫教授雜詠各一首。」並錄存其一、其二兩首。

無題

故鄉黯黯鎖玄雲，遙夜迢迢隔上春。
歲暮何堪再惆悵，且持卮酒食河豚。

- ● 《魯迅日記》一九三二年十二月三十一日：「為知人寫字五幅。」，其中書贈濱之上信隆者即為此詩。現存此詩一份手迹「食」作「吃」。

無題

洞庭木落楚天高，眉黛猩紅涴戰袍。

澤畔有人吟不得，秋波渺渺失離騷。

- 許壽裳《懷舊》：「距今三年前春天，我經過上海訪魯迅，不記得怎麼一來，忽而談到舊詩。我問他還有功夫做舊詩嗎？，他答道偶爾玩玩而已，就立刻取了手頭的劣紙，寫了許多首舊作給我看……還有一首也是無題，已見於《集外集》，因為其中有幾個字不相同，特錄如次：『洞庭浩蕩楚天高，眉黛心紅涴戰袍。澤畔有人吟亦險，秋波渺渺失離騷。』在《集外集》裏的『浩蕩』作『木落』，『心』作『猩』，『吟亦險』作『吟不得』。」此一手迹現存，其上並有「廿五年（一九三六年）十月廿八日魯迅歿後九日。」許壽裳所題跋語，説明字句異同。
- 《魯迅日記》一九三二年十二月三十一日：「為知人寫字五幅。」為郁達夫所寫者即為此詩，字句與許壽裳所見者悉同。

無題

皓齒吳娃唱柳枝，酒闌人靜暮春時。

無端舊夢驅殘醉，獨對燈陰憶子規。

- 《魯迅日記》一九三二年十二月三十一日：「為知人寫字五幅。」其中為坪井芳治所寫者即為此詩。

贈畫師

風生白下千林暗，霧塞蒼天百卉殫。

願乞畫家新意匠，只研朱墨作春山。

- 《魯迅日記》一九三三年一月二十六日：「為畫師望月玉成君書一箋。」並錄存此詩。

二十二年元旦

雲封高岫護將軍，霆擊寒村滅下民。

到底不如租界好，打牌聲裡又新春。

- 《魯迅日記》一九三三年一月二十六日：「舊曆申年（應為酉年，癸酉）元旦……又戲為鄔其山生書一箋云：『雲封勝境護將軍，霆落寒村戮下民。依舊不如租界好，打牌聲裡又新春。』已而毀之，別錄以寄靜農，改『勝境』為『高岫』，『落』為『擊』，『戮』為『滅』也。」寄台靜農箋原件現存，題款作：「申年元旦開筆大吉，並祝靜農兄無咎。」此詩另一手迹，標題誤作：「二十三年元旦。」

題《吶喊》

弄文罹文網，抗世違世情。

積毀可銷骨，空留紙上聲。

- 《魯迅日記》一九三三年三月二日：「山縣氏所小説並題詩，於夜寫二冊贈之。」並錄存題《吶喊》與題《徬徨》詩兩首。原件現存，題款作：「自題十年前舊作以請山縣先生教正。」

題《徬徨》

寂寞新文苑，平安舊戰場。

兩間餘一卒，荷戟獨彷徨。

- 現存題贈山縣初男《徬徨》原書提款作：「酉年之春書請山縣先生教正。」末句「獨」作「尚」。《魯迅日記》所錄存者亦作「尚」。

悼楊銓

豈有豪情似舊時，花開花落兩由之。

何期淚灑江南雨，又為斯民哭健兒。

- 《魯迅日記》一九三三年六月二十一日：「下午為坪井先生之友樋口良平君書一絕。」並錄存此詩。現存書贈景宋手跡題款稱：「酉年六月二十日作。」

悼丁君

如磐夜氣壓重樓，剪柳春風導九秋。

瑤瑟凝塵清怨絕，可憐無女耀高丘。

- 《魯迅日記》一九三三年六月二十八日：「又為陶軒書一幅。」並錄存此詩，「夜氣」作「遙夜」，「壓」作「擁」，「瑤瑟」作「湘瑟」。現存一種手跡無題款，字句悉與日記所錄者相同。

題三義塔

　　　——三義塔者，中國上海閘北三義里遺鳩
　　　　　埋骨之塔也，在日本，農人共建。

奔霆飛熛殲人子，敗井頹垣剩餓鳩。
偶值大心離火宅，終遺高塔念瀛洲。

精禽夢覺仍銜石，鬥士誠堅共抗流。
度盡劫波兄弟在，相逢一笑泯恩仇。

● 《魯迅日記》一九三三年六月二十一日：「為西村真琴博
　士書一橫卷。」並錄存此詩及題跋。原件現存，無詩前小
　引，題跋云：「西村博士於上海戰後得喪家之鳩，持歸養
　之。初亦相安，而終化去，建塔以喪，且征題咏，率成一
　律，聊答遐情云爾。」首句「熛」作「焰」，日記亦同。

贈人二首

明眸越女罷晨裝，荇水荷風是舊鄉。
唱盡新詞歡不見，早雲如火撲晴江。

秦女端容理玉箏，樑塵踴躍夜風輕。
須臾響急冰弦絕，但見奔星勁有聲。

● 據《魯迅日記》一九三三年七月二十一日，此詩係書贈森
　本青八者。「理」作「弄」，「但見」作「獨見」。「明
　眸」一首現存一種手迹無題款，「秦女」一首現存手迹兩
　種，其一係書贈山本忠孝，「輕」作「清」。另一種無題
　款，加標題「贈人」，並將詩中「清」塗改為「輕」字。

無題

一支清采妥湘靈，九畹貞風慰獨醒。

無奈終輸蕭艾密，卻成遷客播芳馨。

- 《魯迅日記》一九三三年十一月二十七日：「為土屋文明氏書一箋。」並錄存此詩。原件現存。

酉年秋偶成

煙水尋常事，荒村一釣徒。

深宵沉醉起，無處覓菰蒲。

- 《魯迅日記》一九三三年十二月三十日：「又為黃振球書一幅。」並錄存此詩。現存一種手迹無上款，但書「酉年秋偶成。」

阻郁達夫移家杭州

錢王登假仍如在，伍相隨波不可尋。

平楚日和憎健翮，小山香滿蔽高岑。

墳壇冷落將軍岳，梅鶴淒涼處士林。

何似舉家遊曠遠，風波浩蕩足行吟。

- 《魯迅日記》一九三三年十二月三十日：「午後為映霞書四幅一律。」並錄存此詩。「登假」作「登遐」，「風波」作「風沙」。現存手迹無題款，字句與日記論存者悉同。

報載患腦炎戲作

橫眉豈奪蛾眉冶，不料仍違眾女心。

詛咒而今翻異樣，無如臣腦故如冰。

- 《魯迅日記》一九三四年三月十六日：「聞天津《大公報》記我患腦炎，戲作一絕寄靜農。」並錄存此詩。寄台靜農箋原件現存，題款作：「三月十五日夜聞謠戲作，以博靜兄一粲。」署名「旅隼」。

戌年初夏偶作

萬家墨面沒蒿萊，敢有歌吟動地哀。

心事浩茫連廣宇，於無聲處聽驚雷。

- 《魯迅日記》一九三四年五月三十日：「午後為新居格君書一幅。」並錄存此詩。原件現存，題款作：「戌年初夏偶作，以應新居先生雅教。」

秋夜有感

綺羅幕後送飛光，柏栗叢邊作道場。

望帝終教芳草變，迷陽聊飾大田荒。

何來酩果供千佛，難得蓮花似六郎。

中夜雞鳴風雨集，起燃煙卷覺新涼。

- 《魯迅日記》一九三四年九月二十九日：「又為梓生書一幅。」並錄存此詩。贈張梓生條幅原件現存。

題《芥子園畫譜三集》贈許廣平

十年攜手共艱危，以沫相濡亦可哀。

聊借畫圖怡倦眼，此中甘苦兩心知。

- 原書現存。詩前有小引：「此上海有正書局翻造本。其廣告謂研究木刻十餘年，始雕是書。實則兼用木版，石版，玻璃版及人工著色，乃日本成法，非盡木刻也，廣告誇耳。然原刻難得，翻本亦無勝於此者。因致一部，以贈廣平，有詩為證。」後題：「戌年冬十二月九日之夜，魯迅記。」

亥年殘秋偶作

曾驚秋肅臨天下，敢遣春溫上筆端。

塵海蒼茫沉百感，金風蕭瑟走千官。

老歸大澤菰蒲盡，夢墜空雲齒發寒。

竦聽荒雞偏闃寂，起看星斗正闌干。

- 《魯迅日記》一九三五年十二月五日：「為季市書一小幅。」並錄存此詩。原件現存。

鲁迅的生平

　　周樹人（1881年9月25日～1936年10月19日），原名樟壽，字豫才、豫山、豫亭，以筆名「魯迅」聞名於世，浙江紹興人，為中國的現代著名作家，新文化運動的領導人之一，中國現代文學的奠基人和開山巨匠，在西方世界享有盛譽的中國現代文學家、思想家。

　　魯迅的主要成就包括雜文、短中篇小說、文學、思想和社會評論、學術著作、自然科學著作、古代典籍校勘與研究、散文、現代散文詩、舊體詩、外國文學與學術翻譯作品和木刻版畫的研究，對於五四運動以後的中國社會思想文化發展產生一定的影響，蜚聲世界文壇，尤其在韓國、日本思想文化領域有極其重要的地位和影響，被譽為「二十世紀東亞文化地圖上占最大領土的作家」。

・魯迅簽名

早年

　　魯迅出生於1881年9月25日（清光緒七年八月初三），在浙江省紹興府會稽縣府城內東昌坊口（今屬紹興市越城區）的一個書香門第，名為周樟壽。

　　童年生活於百草園、咸亨酒店、外婆家一帶的農村等地，成為後來魯迅的兩部小說集《吶喊》、《徬徨》和散

文集《朝花夕拾》的重要素材來源。魯迅頗受演化論思想
影響，愛讀新思想的書，尤其是翻譯的小說。

　　1892年（光緒18年），11歲就讀於家鄉紹興的壽鏡吾
開設的私塾三味書屋。

　　1893年（光緒十九年），祖父周福清因為向浙江鄉試
主考官殷汝璋行賄，謀求周伯宜錄取，被殷汝璋舉報，而
被革職下獄，魯迅兄弟則被安插到離城有三十多里的皇甫
莊大舅父的家中避難。周福清科舉舞弊案判處了「斬監
候」，周家為了使周福清得以活命，每年花費大筆資金疏
通官府，直到八國聯軍事件之後，周福清才被赦免。但這

・魯迅故居

八年的支出，周家家道衰落，同時期父親周伯宜也重病在床，1896年病故。家庭的變故對魯迅產生了深刻的影響。

　　後來魯迅在自敘傳略中寫道：「我漸至於連極少的學費也無法可想；我的母親便給我籌辦了一點旅費，教我去尋無需學費的學校去，因為我總不肯學做幕友或商人，這是我鄉衰落了的讀書人家子弟所常走的兩條路。」1898年4月，魯迅離開家鄉的三味書屋，進入金陵『無需學費的學校』：新式學堂江南水師學堂，因為遠房的叔祖周慶蕃（號椒生）在這所學校教漢文，兼當管輪堂監督。並改名為周樹人。「那時候考學堂本不難，只要有人去無不歡迎，所以魯迅考入水師，本來並不靠什麼情面，不過假如

・百草園

椒生不在那裡，也未必老遠的跑到南京去。」魯迅後來這樣回憶起當時離家的情景：「我要到N進K學堂去了，彷彿是想走異路，逃異地，去尋求別樣的人們。我的母親沒有法，辦了8元的川資，說是由我的自便；然而伊哭了，這正是情理中的事，因為那時讀書應試是正路，所謂學洋務，社會上便以為是一種走投無路的人，只得將靈魂賣給鬼子，要加倍的奚落而且排斥的。然而我也顧不得這件事，終於到N進了K學堂了。」五月份入學，經過三個月的試讀後補為正式生。

　　他在後來的回憶錄中對這一段經歷有相當多的描述：「總覺得不大合適，可是無法形容出這不合適來。現在是

‧三味書屋

發現了大致相近的字眼了，『烏煙瘴氣』，庶幾乎其可也。只得走開。」教師思想太陳舊太迷信，只會照本宣科，有位漢文老師說地球有兩個，一個叫東半球，一個叫西半球，一個自動，一個被動，讓魯迅哭笑不得。海軍學校學生按理應天天習水，學堂原有大游泳池，因為淹死了兩個學生就被填平，還在上面造了個小小的關帝廟來鎮邪。第一學期期末，學校新來一個派頭十足的教師。在學生面前他總是把眼睛瞪得大大的，裝成學者的架勢。有次上課點名，他把學生「沈釗」的名字念成「沈鈞」，引起一陣哄堂大笑。後來魯迅和同學們都稱這位教員叫「沈鈞」。於是總辦在兩天之內宣布：給魯迅和另外十幾個同學記了兩次小過，兩次大過，再犯一次小過，就得開除了。1898年10月，轉考入南京礦務鐵路學堂（簡稱礦路學堂）

礦路學堂於1899年2月開學江南陸師學堂附設礦路學堂開學。與陳衡恪結下友誼。學校的主要目的是採煤，所以學校的功課以礦務為主，魯迅感到非常新鮮。魯迅自學了《全體新論》和《化學衛生論》之類，和先前父親生病時醫生的議論和方藥比較起來，「便漸漸的悟得中醫不過是一種有意的或無意的騙子，同時又很起了對於被騙的病人和他的家族的同情；而且從譯出的歷史上，又知道了日本明治維新是大半發端於西方醫學的事實。」在該校三年學習，魯迅掌握了德語，後來據此翻譯了《死魂靈》；很

刻苦的整本抄地質學的講義，學了些科學知識；教員中有
新黨，喜歡看時務報，魯迅也受到維新和革命的影響。
1902年1月以優異成績畢業，考取了「南京礦路學堂畢業奏
獎五品頂戴」的官費對日留學生。

　　魯迅後來回憶說：「畢業，自然大家都盼望的，但一
到畢業，卻又有些爽然若失。爬了幾次桅，不消說不配做
半個水兵；聽了幾年講，下了幾回礦洞，就能掘出金銀銅
鐵錫來麼？實在連自己也茫無把握，沒有做《工欲善其事
必先利其器論》的那麼容易。爬上天空二十丈和鑽下地面
二十丈，結果還是一無所能，學問是『上窮碧落下黃泉，
兩處茫茫皆不見』了。所餘的還只有一條路：到外國
去。」

·魯迅在日本

留學日本

　　魯迅與周作人、郭沫若、郁達夫等著名作家都為留學日本派。1902年2月，21歲的魯迅赴日本，在寫給弟弟周作人的信中，他說自己要入讀成城學校——日本為留學生開設的一所陸軍士官預備學校。當時凡進成城學校的留學生，均由中國留學生陸軍監督審批，所以魯迅未能進入。只好先入東京弘文學院（日本專為中國留學生創辦的速成性質的學院，普通科二至三年，速成科有六個月、八個月、一年、一年半不等），入編江南班（班次以學生省籍編排）。魯迅是江南班中第一個剪掉辮子的。

　　魯迅與許壽裳、陶成章等浙江籍留日學生在東京組織浙江同鄉會，會上決定出版的月刊《浙江潮》，成為留日學界宣傳革命的重要刊物之一。魯迅從創刊時起，就訂購保存並積極撰稿支持。所撰稿子除了從德文版翻譯各種歐美小說，還有礦物地質論文等。1903年，魯迅參加了鼓吹革命的「浙學會」。

　　1904年4月，從東京弘文學院畢業，獲得「日本語及普通速成科」文憑。按清政府給予的官費資格，魯迅應該升入東京帝國大學工科所屬的採礦冶金科學習。但魯迅決意學醫，理由是：

　　　・西醫對日本的維新有助力；

　　　・畢業回國後救治像他父親那樣被中醫誤治的病人的

痛苦，還可以促進國人對於維新的信仰

・魯迅自幼牙齒不好

　　因看不慣一些留日學生的吃喝玩樂，所以選擇遠離東京、地處東北偏僻小城鎮的仙台醫學專門學校（1912年改制東北大學醫學部）。中國駐日公使兼留學生監督楊樞向該校校長發出照會，介紹魯迅入校。魯迅成了該校第一個中國留學生，學制四年，學校不收魯迅學費。在仙台給魯迅影響最大的是解剖學老師藤野嚴九郎。

　　可見魯迅考得最好的是屬於社會科學的倫理學。自然科學和醫學專業科目成績較普通，只有藤野擔任的解剖學一科沒有考及格。總成績正如魯迅在《藤野先生》文中的自述：「同學100餘人之中，我在中間，不過是沒有落第。」對此班上部份同學認為是「上年解剖學試驗的題目，是藤野先生講義上做了記號，我預先知道的，所以能有這樣的成績。」1994年，渡邊襄發現成績算錯：生理學上學期60分，下學期75分，單科學年平均65分，不是63.3分，學年總平均65.8分，學年平均83分的倫理學等第登錄成丙等。

　　魯迅後來作有《藤野先生》，對這篇作品也非常重視，1935年日本岩波書店要出《魯迅

・藤野嚴九郎老師

選集》日本語譯，他要求執行選集編譯工作的自己的學生增田涉：「我看要放進去的，一篇也沒有了。只有《藤野先生》一文，請譯出補進去。」魯迅身後，藤野也發表《謹憶周樹人君》一文回憶魯迅留學生活。

　　魯迅對醫專生活的印象，第一是死記硬背：「校中功課，只求記憶，不須思索，修習未久，腦力頓鈍。四年而後，恐如木偶人矣。」第二是課時太多，無暇搞譯述活動：「而今而後，只能修死學問，不能旁及矣，恨事！恨事！」

　　1904年年底，魯迅成為光復會第一批會員。

　　1906年魯迅在醫專課堂上觀看老師播放的日俄戰爭的幻燈片，裡面有中國人給沙俄當坐探，被日軍逮捕以間諜罪槍斃看頭，大量本地中國人圍觀。魯迅認識到「醫學並非一件緊要事，凡是愚弱的國民，即使體格如何健全，如何茁壯，也只能做毫無意義的示眾的材料和看客，病死多少是不必以為不幸的。所以我們的第一要著，是在改變他們的精神，而善於改變精神的是，我那時以為當然要推文藝。」決定棄醫從文。1906年3月，醫專作為大二生退學。告訴許壽裳：「我決計要學文藝了，中國的呆子，壞呆子豈是醫學所能治療的麼？」

　　據永田圭介的專著《秋瑾：競雄女俠傳》在1905年秋瑾回國前，曾在陳天華追悼會上，對反對回國的魯迅、許壽裳等人痛罵，還拔出了隨身攜帶的日本刀厲聲喝道：

「投降滿虜，賣友求榮。欺壓漢人，吃我一刀吧！」

　　1906年，25歲的魯迅從日本回國，遵照母親的意見而與時年28歲的朱安結婚，但一生幾未與朱安有行夫妻之實（據荊有麟回憶，魯迅稱「多年來只有兩三次」），婚後一陣子，魯迅東渡日本（相傳為魯迅住了三天就前往日本，但參照周作人日記，魯迅當年並非婚後第四天東渡，而是住到秋天才動身的，八九月份之間）

　　太宰治生前接受委約，創作了一部描寫魯迅留學生活的小說《惜別》，1945年出版。

・魯迅、許廣平、周海嬰

回國任職

1909年魯迅從日本回到中國，擔任浙江兩級師範學堂（今杭州高級中學）優級生理學、初級化學教員，紹興府中學堂監學兼博物學教員，紹興山會初級師範學堂（今紹興文理學院）校長等職務。後寫出第一篇小說《懷舊》（文言文小說）。

1912年，魯迅到中華民國政府教育部工作，袁世凱做大總統後，隨政府搬到北京，歷任教育部社會教育司第一科科長、教育部僉事。這時，他沉迷於收集研究拓本之中。後重新投身新文化運動，並兼任北京女子高等師範學校教授和北京大學兼職講師。（註：魯迅當時在北大兼職講師，並不是北大職工。因為當時蔡元培校長規定，到北大任職，必須辭去原來職務，而魯迅當時在教育部裡擔任僉事一職。這裡往往被寫北大歷史的人搞錯，生拉硬拽把魯迅也當成北大職工。）

發表創作

1918年，37歲的周樹人首次用「魯迅」為筆名，在《新青年》上發表中國史上第一篇用現代形式創作的短篇白話文小說《狂人日記》。1921年12月，他還發表中篇小說《阿Q正傳》。1924年，魯迅、周作人、林語堂、錢玄

同等人創辦同人周刊《語絲》。

　　1924年，諾貝爾文學獎提名、印度大詩人泰戈爾來訪紫禁城，北京方面安排魯迅與泰戈爾會見且合照。當時中國文壇對於泰戈爾訪華的評價趨於兩極化，魯迅將其訪華評價為「做了一瓶香水」。

教育部生涯

　　魯迅共做了14年的中華民國北洋政府的公務員，主要的業績有：擔任國語統一會教育部代表，協調制定注音字母（與馬裕藻、朱希祖、許壽裳、錢稻孫共同提議並執筆文案「統一讀音，不過改良反切，故以合於雙聲疊韻的簡筆漢字最為適用」）；與錢稻孫、許壽裳2位科長合作中華民國國徽設計案，執筆《致國務院國徽擬圖說明書》（說明書全文詳見2005年版《魯迅全集》）；並設計了當時北京大學的校徽，係「北大」二字的美術字體；分管圖書情報（圖書資訊）業務：督導京師圖書館（後來的北京圖書館，現在的中國國家圖書館）等。直到被教育部時任署總長章士釗免職為止。

　　為此魯迅向中華民國平政院（等於南京政府時期的監察院）提起行政訴訟並勝訴，依法可以復職，但他選擇離開政府體系。好友易培基接任教育總長後，簽署了讓僉事周樹人復職的命令，並以兼國立北京女子師範大學校長身

份發出新的教授聘書，1926年三・一八慘案爆發後，易培基等都被中華民國臨時執政段祺瑞通緝了，不過魯迅並沒有被通緝。

　　蔡元培將教育部改革為大學院期間，魯迅被蔡元培聘為大學院「特約撰述員」，每月工資300圓。大學院改回教育部後，這筆工資名義改為「教育部編譯費」，仍按月支付。1932年起，魯迅不再兼任教育部「特約編譯」。

在廈門和廣州

　　1926年8月，魯迅因支持北京學生愛國運動，抗議三・一八慘案，對北洋政府失望，於是南下廈門大學任文科教授。數月後，1927年1月16日，46歲的魯迅離開廈門，18日抵達廣州，19日晨在孫伏園等人的陪伴下移入「廣州中山大學」任文學系主任兼教務主任，並與自己29歲的學生許廣平同居。

　　當時是中山大學校長朱騮先（朱家驊）請魯迅到校。魯迅日記：1月26日「晚往騮先寓夜餐」；2月1日（除夕）「夜往騮先寓夜飯」，朱家驊邀魯迅共吃年夜飯。不久又聘顧頡剛來校，顧北大畢業才6年就當研究教授，魯迅很不服氣，聲稱只要顧來他便走人。2月18、19日，赴香港在上環基督教青年會禮堂舉行兩場題為「無聲的中國」及「老調子已經唱完」的演講。

晚年在上海

　　1927年10月，魯迅搬至上海居住9年左右，他住在上海公共租界北區的越界築路區域（所謂「半租界」，是指今天虹口區北部魯迅公園一帶），那裡有特殊的政治環境保護他寫作避免遭到迫害，還有他不少的日本友人。1930年起先後加入中國自由運動大同盟、左翼作家聯盟和中國民權保障同盟，但魯迅與左聯部分成員有很多思想上的衝突。1927年到1936年間，魯迅創作了很多回憶性的散文與

大量思想性的雜文，翻譯、介紹外國的文學作品。

魯迅在上海期間，和宋慶齡、陳賡有交往。魯迅所主持的文學團體和郭沫若、郁達夫主持的文學團體有矛盾。魯迅扶植獎掖文學青年，包括柔石、白莽、蕭軍、蕭紅等，也和化名狄克的張春橋進行過論戰。自1931年起，魯迅大力倡導木刻版畫，是為中國創作版畫的先鋒。

逝世

1936年10月19日清晨五點二十五分魯迅在上海因肺結核病去世，終年55歲。他的死訊引起全中國的注意。治喪委員會由宋慶齡、蔡元培等知名人士組成，其中包括了上海各界救國聯合會推薦的沈鈞儒、李公樸二人。在上海上萬民眾自發為他一個文藝界人士舉行前所未有的隆重的葬禮。出喪前一天（10月21日）下午16時，覆蓋靈柩用的綢幛和出喪的樂隊還沒有準備好，沈鈞儒囑咐當時擔任上海各界救國聯合會幹事的姚士彥馬上去辦理：「綢幛應該怎樣，樂隊應該怎樣，原都應由治喪委員會決定，現在來不及了，你一定去辦好」，務必於第二天上午九時前辦好。姚士彥決定用大幅白綢幛，上面寫著「民族魂」三個黑色大字。於是，立馬就去漢口路申報館隔壁一家禮品店趕製。綢幛送到治喪委員會後，沈鈞儒看了「民族魂」三字，認為非常恰當，其他治喪委員們也都認為很合適。

1936年10月21日下午，參加魯迅葬儀的送葬隊伍，從

徐家匯一直排到虹橋萬國公墓。魯迅靈柩上覆蓋寫有「民族魂」的白旗，轟動一時。到達萬國公墓墓地時，現場人山人海，約兩萬餘人。蔡元培、宋慶齡、沈鈞儒等立在高台上，由蔡元培、宋慶齡先後致悼辭後，沈鈞儒講話，他激動地說：「高爾基前幾個月死了，死後由蘇聯政府替他國葬。現在，像魯迅這樣偉大的作家，我們人民群眾一致要求國葬，但政府不管。今天我們人民自己來葬，到的都是民眾自己。這個，我想魯迅先生一定很願意！」萬國殯儀館啟靈（抬了魯迅先生的靈柩放入墓穴）時的抬棺人共12人，分為左右兩排，最前面的兩個是巴金、鹿地亘，後面依次為胡風、曹白；黃源、張天翼；靳以、姚克；吳朗西、周文；蕭軍（田軍）、黎烈文。郁達夫在《懷魯迅》一文中：「沒有偉大的人物出現的民族，是世界上最可憐的生物之群；有了偉大的人物，而不知擁護、愛戴、崇仰的國家，是沒有希望的奴隸之邦。」

1956年，魯迅墓遷移重建於上海虹口公園。

魯迅的遺囑共有7條，其中前幾條交代喪事從簡；第5條交代幼兒周海嬰「倘無才能，可尋點小事情過活，萬不可去做空頭文學家或美術家」；第6條是對別人應許的事物不可當真；最後一條是萬勿接近「損著別人的牙眼，卻反對報復，主張寬容的人」。

作品列表

　　魯迅作品題材廣泛，形式多樣靈活，風格鮮明獨特。在他的人生中，創作的作品，體裁涉及小說、雜文、散文、詩歌等。有《魯迅全集》二十卷1000餘萬字傳世。在中華人民共和國成立後，其多篇作品被選入中小學語文教材，對新中國的語言和文學有著深遠的影響。

小說

　　魯迅以小說創作起家。1918年在《新青年》雜誌發表的《狂人日記》是中國現代白話小說的開山之作，影響深遠。其後，魯迅連續發表多篇短篇小說，後來編入《吶喊》、《彷徨》兩個短篇小說集，分別於1923年和1926年出版。隨著社會形勢的變化，魯迅逐漸放棄了計劃中的長篇小說創作，轉向雜文寫作。魯迅後期小說結集為《故事新編》。

　　魯迅的小說數量不多，但意義重大，名篇迭出。他前期的小說往往沒有離奇曲折的劇情，而是以清末民初的底層百姓生活為主，注重細節描寫，能在點滴間以白描手法鮮明刻畫人物，並挖掘微妙的心理變化。主要表現底層人民思想的麻木愚昧和生活的艱辛。「我的取材，多采自病態社會的不幸的人們中，意思是在揭出病苦，引起療救的注意。」後期作品則以借歷史典故映射現實生活，風格從

容充裕、幽默瀟脫，大異前期。

　　代表作有《阿Q正傳》、《祝福》、《孔乙己》、《故鄉》等。主人公阿Q、祥林嫂、孔乙己、閏土等在中國婦孺皆知。

特色

　　魯迅小說主題多是反封建、反禮教、反傳統，反迷信，反映人性的陰暗面，善於諷刺，用筆深刻冷雋而富幽默，善於創造典型人物，描寫人物的面貌言語、心理和行

・魯迅的創作

動，並善於描寫環境、場面及渲染氣氛。

　　魯迅深受日、俄文學作品影響，體裁新穎獨創，句法簡潔峭拔，故事多以故鄉為背景，且多屬有所本者。

雜文

　　魯迅首創了以論理為主，形式靈活的新文體──「雜文」，並將之發揚光大。他的雜文數量極多，題材廣泛，形象鮮明，論辯犀利，文風多變，毛澤東譽之為「匕首」和「投槍」（匕首投槍一說本於魯迅《南腔北調集》中的《小品文的危機》），揭示了當時社會各方面的問題。

　　魯迅雜文是匕首、是投鎗，「論時事不留面子，砭錮弊常取類型」，題材廣泛，對社會的黑暗面、民族的劣根性，觀察深刻。形式靈活多變，有多樣風格和筆法，有的隱晦曲折，有的幽默詼諧，均能在使人會意的一笑中達到諷刺的效果。有的沉鬱嚴峻，在似乎從容的敘述中，蘊藏著對敵人的無限憤懣。

　　魯迅雜文感情熾熱，汪洋恣肆，咄咄迫人，冷雋辛辣，說理透徹，結構嚴密，簡鍊含蓄，善用比喻，形象性強，富於邏輯性，氣勢恢宏凌厲。

　　代表作有《二心集》、《華蓋集》等。

散文

　　魯迅散文也有著重要的地位，魯迅在空虛失望之餘以

小品文吐露心聲，反映時代。主要作品結集為《朝花夕拾》和《野草》。

《朝花夕拾》以追憶兒時往事為主，筆調優美，感情沉鬱，平易曉暢，風趣生動。代表作有《從百草園到三味書屋》等。

《野草》則以尼采式的散文詩形式，以抒情為主，「是散文，是詩；既有思想，也有詩的感情和意境，詩的美。而又既不是散文，也不是詩，是思想感情集中的散文詩」，表達對社會、人生的批判反思，反映了作者當時虛無主義的悲觀心境。語言色彩艷麗而冷峻峭拔，意象獨特而富有暗示性，意境晦暗幽深，被譽為魯迅「最偉大的藝術品」。對日後中國白話散文詩的發展有著一定影響。

詩歌

魯迅並不看重自己的詩歌創作，只是偶爾為之。其詩作傳世無多，主要以舊體的近體詩為主，多有佳句。早期詩歌深受古詩影響，多吟詠離情感傷。留學日本時作《自題小像》，「寄意寒星荃不察，我以我血薦軒轅」，真切動人，境界大開。《四一二事變》一詩（慣於長夜過春時，挈婦將雛鬢有絲。夢裏依稀慈母淚，城頭變幻大王旗。忍看朋輩成新鬼，怒向刀叢覓小詩。吟罷低眉無寫處，月光如水照緇衣），寫出亂世友人遭逢政治迫害情景，令人為之動容；趙聰《三十年代文壇點將錄》說，時

人稱「三百年來無此作！」。1922年創作《徬徨‧題辭》：「寂寞新文苑，平安舊戰場。兩間餘一卒，荷戟獨徬徨」，描述文學創作路上嘔心瀝血孤行，也是著名代表作之一。相較同時代的其他詩人，魯迅的詩歌在當代被引用的頻率很高。

譯作

魯迅也以譯作著名。在魯迅留下的1000多萬字作品中，有一半是翻譯文字。他在前期主要翻譯歐美文學及日本文學作品，如尼采、凡爾納（法國科幻小說大師）等，後期則主要翻譯東歐文學及蘇聯文學的革命文學作品。他的翻譯強調忠實原文，有時甚至連原句的結構也不加改動，以「硬譯」風格聞名。他曾希望借引入歐式的長句，來增加漢語對複雜關係的表現力。據統計，魯迅總共翻譯過十四個國家近百位作家200多種作品。

評價

對於魯迅的評價以正面為主，在中國以及海外的評價普遍都很高。

在中國，魯迅是一位地位獨特的作家。大多數人承認他是重要的現代作家之一。

大多數人認為他文筆犀利、思想深刻，是「新文學」

的奠基人。他的小說使用富有創造力的形式對中國人的國民性、中國社會的弊端予以深刻的闡釋，是具有批判精神的知識分子；散文詩集《野草》被認為是當時少有的展現出現代主義特質的作品；其雜文，由於特殊的發表環境，在嬉笑怒罵的文字背後蘊含著堅定的政治立場的。這一政治立場帶有強烈的個人主義色彩，是魯迅思想中最為複雜的地方之一。

　　中國共產黨對魯迅有高度評價。早在延安時期，1937年毛澤東在延安陝北公學紀念魯迅逝世周年大會上發表《論魯迅》講話，評價魯迅不僅「是一個偉大的文學家，

‧魯迅書房

而且因為他是一個民族解放的急先鋒，給革命以很大的助力。」「他是黨外的布爾什維克。」1940年毛澤東在《新民主主義論》中將魯迅評價為「中國文化革命的主將」，「不但是偉大的文學家，而且是偉大的思想家和偉大的革命家」。「向著敵人衝鋒陷陣的最正確、最勇敢、最堅決、最忠實、最熱忱的空前的民族英雄。」

1937年10月19日，毛澤東在延安陝北公學的魯迅逝世週年大會上發表的《論魯迅》演講中稱魯迅是「現代中國的聖人」，到毛澤東晚年（1971年），毛自稱是「聖人的學生」，對魯迅評價極高。

中共在延安創辦的文學院取名魯迅文學院，後改為魯迅藝術文學院。1949年中華人民共和國成立後，魯迅的文學地位得到主流意識形態的高度肯定。魯迅的眾多文章被選為大陸中小學語文教材的課文。現今仍然存在官方的魯迅研究機構和專門的魯迅研究雜誌。

據2001年周海嬰著《魯迅與我七十年》記載，1957年毛澤東在回答羅稷南的問題時表示，如果魯迅仍然活著，「以我估計，魯迅要麼是關在牢裡還是要寫，要麼他識大體不作聲。」但毛澤東曾於1957年3月在《同文藝界代表的談話》中說：「我看魯迅在世還會寫雜文……真正的馬克思主義者是不怕什麼的，任何人也不怕。不怕別人整不整，頂多沒有飯吃，討飯，挨整，坐班房，殺頭，受冤枉。」因此毛澤東對羅稷南的回答可能只是對魯迅敢說真

話的讚賞。

　　由於魯迅生前反對國民黨政府的官僚腐化，因而受到國民政府的嚴重打壓。1949年後，魯迅在台灣也一直被當作國民黨的反面教材加以貶低。

　　中華民國總統蔣介石在兼任教育部長期間，有人向蔣介石告密魯迅隱匿在教育部做特約編輯，蔣介石回答：「這事很好。你知道教育部中，還有與他交好的老同事、老朋友沒有？應該派這樣的人，去找他，告訴他，我知道了這事，很高興。我素來很敬仰他，還想和他會會面。只要他願意去日本住一些時候，不但可以解除通緝令，職位也當然保留；而且如果有別的想法，也可以辦到。」

　　日本著名作家，諾貝爾文學獎獲得者大江健三郎評價魯迅：「二十世紀亞洲最偉大作家。」

　　德國著名漢學家顧彬：「魯迅是（中國）20世紀無人可及也無法逾越的作家。」

　　著名作家木心：在我的心目中，魯迅先生是一位卓越的「文體家」。在歐陸，尤其在法國，「文體家」是對文學家的最高尊稱。紀德是文體家，羅曼羅蘭就不是。

　　蔡元培：魯迅先生的創作，除《墳》、《吶喊》、《野草》數種外，均成於一九二五年至一九三六年中，其文除小說、書信一種外，均為雜文與短評，以十二年光陰成此許多作品，他的感想之豐富，觀察之深刻，意境之雋永，字句之正確，他人所苦思力索而不易得當的，他就很

自然的寫出來，這是何等天才！何等學力！

陳獨秀：我卻以為真實的魯迅並不是神，也不是狗，而是個人，有文學天才的人。

郁達夫：如問中國自有新文學運動以來，誰最偉大？誰最能代表這個時代？我將毫不躊躇地回答：是魯迅。魯迅的小說，比之中國幾千年來所有這方面的傑

・魯迅的英文簽名（照片內）

作，更高一步。至於他的隨筆雜感，更提供了前不見古人，而後人又絕不能追隨的風格，首先其特色為觀察之深刻，談鋒之犀利，文筆之簡潔，比喻之巧妙，又因其飄溢幾分幽默的氣氛，就難怪讀者會感到一種即使喝毒酒也不怕死似的悽厲的風味。當我們熱衷去掌握現實時，他已把握了古今與未來。要全面了解中國的民族精神，除了讀《魯迅全集》以外，別無捷徑。

瑞典著名漢學家、諾貝爾文學獎終審評委馬悅然曾澄清魯迅拒絕獲諾貝爾文學獎的傳聞說：「魯迅是在1936年去世了，那個時候，1930年代根本就沒有外邊的人知道魯

迅是誰，也沒聽說過他的名字。《吶喊》、《彷徨》是1950年代才翻成外文（原話如此，經查證，魯迅作品最早被翻譯為西方文字，是1936年8月英國喬治・C・哈拉普公司出版的《活的中國—現代中國短篇小說選》，收錄了《藥》、《一件小事》、《孔乙己》、《祝福》等多篇作品），是楊憲益翻譯的（真實譯者為斯諾），翻譯得很好，但是那個時候魯迅已經不在了。」

胡適：「魯迅是個自由主義者，絕不會為外力所屈服，魯迅是我們的人。」

葉公超寫《關於非戰士的魯迅》一文，發表在1936年11月1日的天津《益世報》增刊上說：「我有時讀他的雜感文字，一方面感到他的文字好，同時又感到他所瞄準（魯迅在文章中最愛用各種軍事名詞的）的對象實在不值得一粒子彈。罵他的人和被他罵的人實在沒有一在任何方面是與他同等的。」

日本作家增田涉稱讚魯迅為「中國文藝界龐然的斯芬克斯（即埃及神話中的人面獅身）」。

1949年詩人臧克家為紀念魯迅逝世13周年而寫了一首抒情詩，題為《有的人》，節錄如下：

有的人活著

他已經死了；

有的人死了

他還活著。

國家圖書館出版品預行編目資料

魯迅語錄，丁原主編 -- 初版, --
新北市：新視野New Vision, 2018.04
　　冊；　公分 . --
　　　ISBN 978-986-94435-7-9（平裝）

1. 周樹人　2. 格言

192.8　　　　　　　　　　　　107002353

魯迅語錄

原　　典　魯迅
主　　編　丁原
出　　版　新視野 New Vision
製　　作　新潮社文化事業有限公司
　　　　　電話：(02) 8666-5711
　　　　　傳真：(02) 8666-5833
　　　　　E-mail：service@xcsbook.com.tw
印前作業　東豪印刷事業有限公司
印刷作業　福霖印刷有限公司

總 經 銷　聯合發行股份有限公司
　　　　　新北市新店區寶橋路 235 巷 6 弄 6 號 2F
　　　　　電話：(02) 2917-8022
　　　　　傳真：(02) 2915-6275

初　　版　2018 年 4 月